AF234169

ESSAI

SUR
LA CONCILIATION
DES
COUTUMES FRANÇAISES,

Hanc video sapientissimorum fuisse sententiam, legem neque
hominum ingeniis excogitatum, neque scitum aliquod esse popu-
lorum, sed æternum quiddam *quod universum mundum regeret*,
imperandi prohibendique sapientiâ.

CICER. *Lib. 2. de Legib.*

ESSAI

SUR

LA CONCILIATION

DES

COUTUMES FRANÇAISES.

Par M. D'OLIVIER, Docteur ès Droits.

A AMSTERDAM;

Et se trouve

A PARIS,

Chez MÉRIGOT le jeune, Libraire, quai des Augustins, au coin de la rue Pavée.

M. DCC. LXXXVII.

ESSAI

*Sur la conciliation des Coutumes Françaises *.*

OBSERVATIONS
PRÉLIMINAIRES.

CHAPITRE PREMIER.
De l'objet de cet Essai.

L'OBJET de cet Essai n'est point de discuter en détail chaque article des

---

* Le moment où je publie cet Essai, est celui de l'époque glorieuse du regne de Louis XVI, à laquelle ce Monarque a convoqué une Assemblée de Notables dé la Nation pour discuter & résoudre ce qui peut le plus efficacement contribuer au bonheur de l'Etat. Il n'est besoin ni de poëtes, ni de rhéteurs pour vanter cette époque ; il suffira que l'historien la raconte.

A

diverſes loix coutumieres du royaume,
pour les ramener à des diſpoſitions générales & uniformes On eſt déja enrichi
des réſultats de pareilles diſcuſſions, dans
les arrêtés qui portent le nom d'un des
magiſtrats qui ont honoré la France, &
qui ont entrepris un travail ſi important.
Peut-être ſi de ſemblables diſcuſſions,
faites avec cet eſprit légal qu'il n'appartient qu'aux grands juriſtes d'y appliquer,
avoient dû ſuffire pour parvenir à mettre
un accord entre des points de juriſprudence bien ſouvent diſparates, on
auroit retiré plus de fruit des arrêtés de
Lamoignon. Je me bornerai donc à indiquer des moyens tracés en grand, mais
précis, pour ſimplifier la conciliation dont
il s'agit, la rendre extrêmement facile;
& j'oſe le dire, pour épargner les trois
quarts de l'ouvrage, à ceux qui voudront
débrouiller une matiere ſi épineuſe.

On ne peut gueres fonder l'opinion
publique ſur les productions purement
littéraires. Si au moment où elles paroiſ-

(3)

fent, elles ne rencontrent point un grand nombre d'approbateurs, le livre doit être refait ou condamné à l'oubli. Il n'en eſt pas de mênie d'un ouvrage où l'on traite des objets qui regardent l'exiſtence civile des citoyens, leurs mœurs, leur tranquillité, leur bonheur. Il ſuffit qu'on y ait préſenté des vues qui peuvent concourir efficacement au bien public, pour que les amis de l'humanité y prennent intérêt malgré les défauts du ſtyle, l'inſuffiſance des obſervations & des détails. Mais une fois que les hommes éclairés de la nation ont jugé qu'un écrivain, en rédigeant les réflexions qu'il a faites avec ſoin ſur des matieres de la plus grande importance, y a répandu quelques lumieres ; c'eſt à lui à écouter attentivement les objections qu'on fait aux parties de ſon ſyſtême où il a entrepris de déſigner les moyens de pourvoir à la choſe publique. C'eſt en recueillant ſoigneuſement ces opinions, de la part de ceux qui n'ont nul motif pour le flatter, pour le tromper, en ſe

A ij

rapprochant de ces citoyens refpectables qui ont l'ame pleine du noble defir de voir réalifer, en tout fens, le bonheur de la patrie, qu'il peut fe dire enfuite à lui-même : Voilà ce que j'ai penfé ; voici comment la multitude éclairée penfe. Oppofons l'avis général à mon avis particulier ; modifions l'un par l'autre ; cherchons la vérité. **Car** tout homme d'un fens droit ne s'abandonne qu'à elle , & la multitude rejette tout ce qui ne porte point évidemment un caractere de vérité dans les opinions qu'elle embraffe , comme les gens de lettres réprouvent ce qui n'eft point marqué au coin du bon goût.

Mais dans cette multitude , j'entends des avis totalement contraires, tous prononcés avec un ton décifif. Ne nous y trompons pas. L'ignorant qui juge mal, confervera feul fon avis. J'appelle plus particulierement ignorant le demi-favant dans toutes les parties de la philofophie morale ; car l'homme fimple & fenfé eft plus près que lui de la véritable fcience.

(5)

Il en a du moins le germe dans fon ame,
qui n'eft point dépravé par de fauffes
connoiffances ; il eft prefque favant à
mes yeux. L'homme fenfé & éclairé qui
fe trompe en décidant, a l'air de prononcer; mais il objecte feulement, ou il
propofe. Eh! qui parmi les humains n'eft
point fujet à erreur?

Je vais effayer de répondre à ceux qui
paroiffent héfiter pour admettre la poffi-
bilité qu'il y a de réformer & de fimplifier la jurifprudence actuelle en France.
Il refte fans doute beaucoup à ajouter à
mes obfervations précédentes ; j'ai avoué
que mon livre de la réforme des loix
civiles, n'étoit qu'un effai. Je ne prétends
pas fuppléer ici entierement à ce qui paroît y manquer. Mais fi dans peu de pages
je répands un nouveau jour fur la facilité
de cette réforme defirée ; fi je foumets
aux juriftes, aux hommes de lettres, à
toute la nation un moyen unique, fimple,
jufqu'à préfent non apperçu, pour opérer
cette réforme ; fi ce procédé qui a échappé

A iij

aux grands hommes qui depuis 1665 fo
font occupés à diverfes reprifes de ce travail digne de leurs foins , préfente la car-
riere qu'il faut parcourir extrêmement
abrégée , certainement je puis donner le
titre de fupplément à quelques feuillets
qui remplacent ce qu'un gros volume ne
diroit peut-être pas.

Aucun des juriftes diftingués , des
hommes de lettres eftimables que j'ai
confultés ne m'a fait d'objection fur la
maniere dont j'ai envifagé les inconvéniens de notre jurifprudence , & fur la
preuve que j'ai fournie des avantages qu'il
y auroit à la fimplifier. Quelques - uns
m'ont reproché de n'avoir point affez indiqué de matériaux pour remplacer l'édifice
que j'avois travaillé à détruire. S'ils avoient
néanmoins médité les principes que j'adopte, s'ils en avoient fait le rapprochement,
ils en euffent tiré des réfultats pareils à
l'Effai que je vais donner fur la conciliation des Coutumes en France, ou plutôt
fur ce qui doit fervir de bafe principale à

cette conciliation. Mais je n'étois point en droit d'exiger qu'un lecteur se remplît tellement des vérités que j'ai établies, qu'il dût lui-même à ma place en déduire des conséquences utiles. Ainsi, au lieu de juſtifier le vide qu'on me reproche, je dois chercher à le remplir, & prouver par ce moyen la fécondité & la certitude des principes que j'ai adoptés.

Il faut être calme, attentif, avoir la tête froide, tandis que l'ame eſt chaudement pénétrée du deſir d'être utile à ſes ſemblables, avoir l'eſprit accoutumé à la méditation, pour parvenir de quelques vérités connues à une vérité inconnue. C'eſt ce que fait le géometre, le calculateur mathématicien. Mais ces qualités ſont peut-être encore plus néceſſaires à l'obſervateur qui ſe mêleroit de chercher à ſimplifier une juriſprudence compliquée, dont l'enſemble eſt compoſé de choſes contraires, ſouvent inconciliables. Le géometre peut captiver la vivacité de ſon eſprit dans le cercle de ſes procédés méthodiques. Du moins il fait l'effort de fe captiver ainfi, parce qu'il eft irrité par la difficulté que préfente la folution d'un pro- blême, tandis que le jurifte obfervateur eft dégoûté par le peu de méthode qui s'offre d'abord à lui, pour claffer, analyfer un trop grand nombre de matieres excef- fivement embrouillées.

Les ouvrages d'imagination ont tou- jours précédé ceux de la raifon affervie à de longues combinaifons. Homere a précédé Euclide , & a été plus célebre. Les travaux de celui-ci ont été néanmoins infiniment plus utiles à la fociété. Les hommes font des enfans. Celui qui les amufe paffe pour un plus grand génie que celui qui les fert ; cela eft vrai en général pour toutes les nations , & l'eft encore plus pour la nation Françaife. Les chanfons des Troubadours, les romans de chevalerie y font la premiere époque du regne de la littérature. Les beaux-arts s'y font perfectionnés dans l'ordre fuivant: danfe, peinture, architecture, fculpture,

muſique. Ce n'eſt point ici le lieu de réflé-
chir ſur cette ſucceſſion. Il étoit décidé
que la juriſprudence ſeroit la derniere à
ſe perfectionner & poſtérieurement à ces
beaux arts. Les légiſlateurs ont pourtant
précédé les poëtes ; mais c'étoient des
légiſlateurs qui ſe contentoient ſagement
d'un petit nombre de loix. La juriſprudence n'eſt plus ce qu'elle étoit autrefois,
& j'ai montré combien il étoit important
de la ramener à ſa premiere ſimplicité·
C'eſt une double ſcience ; la partie qu'il
faut détruire coûte plus à étudier que
celle qu'il faut établir, & celle qu'il faut
établir ne peut être étudiée ſans l'autre :
cette ſcience doit donc être la plus lente,
la plus tardive dans les opérations de l'eſprit humain.

Il eſt une vérité auſſi antique que le
monde, qui a été reconnue auſſitôt que
les premieres ſociétés eurent été formées,
vérité que toutes les nations antérieures
à l'empire Romain, que tous les philoſophes ont adoptée. Eh bien ! il ſera plus

difficile d'accréditer cette vérité, de la rétablir à préfent dans tous fes droits, qu'il ne le fera de faire les découvertes les plus neuves, les plus fublimes. Peut-être la poftérité aura peine à croire qu'une fauffe fcience ait égaré les hommes pendant plufieurs fiecles, fi loin qu'ils n'aient pu revenir fur leurs pas, que par une marche forcée ou très-longue. Voici quelle eft cette vérité. *Il faut que la légiflation foit affez fimple pour que tous ceux qu'elle regarde puiffent en étre facilement inftruits.* Le philofophe s'étonne de ce qu'une maxime auffi raifonnable a fi peu de crédit. L'ami de l'humanité en gémit.

La conciliation du droit Romain & des diverfes coutumes Françaifes offre fans doute de grandes difficultés. Mon deffein eft de prouver qu'elles ne font point infurmontables, qu'on peut les diminuer, les applanir. Mais enfin ce font de grandes difficultés, & par-là même il faut conclure que fi l'uniformité du code ne produit pas des avantages qui l'emportent de beaucoup sur ceux qu'il y auroit à conserver la jurisprudence actuelle, ou plutôt qui ne contre-balancent pas assez les inconvéniens qui résultent de cette jurisprudence, l'entreprise du renouvellement du code doit être négligée, abandonnée.

CHAPITRE II.

Doit-on réformer le Code ou non ?

Discutons briévement cette grande question préliminaire. Toutes les objections qu'on peut faire contre le projet de concilier les coutumes se réduisent à alléguer l'habitude, l'attachement que chacun a dans sa province pour ses loix propres, mieux encore les droits dont chacun se regarde comme nanti en vertu de ces loix coutumieres. Ajoutons que les magistrats & tous les gens de robe instruits de la législation actuelle sembleroient être comme déroutés par un code nouveau.

On peut répondre à ces motifs, 1°. que l'attachement dans chaque province aux loix confirmées par un ancien usage seroit un léger obstacle, s'il n'y avoit en faveur de la plupart des familles ou des citoyens, des droits sur lesquels ceux-ci comptent d'après ces coutumes ; & on peut affirmer qu'en général les habitans du royaume sont assez convaincus de l'utilité d'une jurisprudence simple & uniforme , assez persuadés des abus de la jurisprudence actuelle. 2°. Que les droits qui seroient changés & qui formeroient une espece de révolution dans l'existence civile des habitans, ne font pas non plus un obstacle insurmontable , puisqu'un nouveau code n'ayant point d'effet rétroactif , n'affecteroit que les citoyens qui ne font point déja nantis de leurs droits en vertu de la coutume précédente. On pourroit même ne pas détruire les espérances que chacun a pu fonder sur les dispositions de cette ancienne coutume. Ce seroit en conservant à tous ceux qui seroient nés avant la

promulgation du nouveau code , non-
feulement tous les droits qu'ils ont acquis
par leur naiffance , mais encore ceux
qu'ils doivent acquérir à certaines époques de la vie en vertu de la coutume.
On pourroit les leur conferver pour tous
les événemens à écheoir durant leur vie.
La génération poftérieure à la publication de ce code feroit fujette à une partie des loix qu'il renfermeroit, & qui
devroient être diftinguées des autres loix
dont l'exécution feroit tout de fuite générale. Plus on retardera la publication
d'une telle légiflation uniforme, plus la
jurifprudence deviendra compliquée, &
plus l'obfcurité où elle eft plongée, pro-
duira fes effets nuifrbles.

3°. L'on répondra que les magiftrats
& gens de robe dans chaque province
ne pourroient fe plaindre d'être obligés
de s'inftruire d'un code uniforme qui feroit fi fimple, que chaque citoyen feroit
à portée d'en apprendre les difpofitions.
L'homme de loi en faifiroit bien plus

aifément les principes qui fe trouveroient
déduits de la jurifprudence qu'il poffédoit
déja. Enfin, comme la jurifprudence précédente ferviroit à régler les jugemens
qui devroient être rendus pour la génération à laquelle on conferveroit fes droits,
le corps de la magiftrature & des gens
de robe auroit pour tout le temps de la
durée des individus qui le compofent actuellement, de quoi faire valoir la fcience
qu'ils ont déja acquife.

Voilà à peu près détruits les argumens
qui font en faveur de la confervation
de l'ancienne jurifprudence. Le feul motif
qui eft le moins important à objecter eft
celui qui fe trouve le moins détruit, favoir
l'attachement qu'on a dans chaque province pour des loix anciennes. Pourquoi,
diroit l'habitant de la Picardie, a-t-on
fait prévaloir tel article de la coutume de
Paris ou de Normandie fur l'article contraire de la coutume de ma province ?
Cette préférence me bleffe. Il n'y auroit
rien autre à lui répondre, fi ce n'eft que

l'utilité générale a exigé qu'on adoptât pour tout le royaume la difpofition légiflative qui étoit déja reçue par le plus grand nombre de fujets Français, ou bien celle dont les effets font généralement meilleurs.

Il refte maintenant à expofer les grands motifs qu'il y auroit pour avoir non-feulement un code uniforme, mais encore un code qui fimplifiât la jurifprudence actuelle.

Tous les juriftes éclairés font déja pénétrés des avantages d'un tel code. Le gouvernement les a reconnus de la maniere la plus marquée, comme on le voit par diverfes ordonnances & par les arrêtés de Lamoignon. L'immortel d'Aguefïeau & d'autres magiftrats en ont affuré les fondemens, en ont tracé la marche. Nous expliquerons ci-après pourquoi cette belle entreprife n'a point été achevée, comment les anciens obftacles n'exiftent plus, comment d'Aguefïeau n'a pas avancé davantage l'exécution d'un fi noble projet, mais a jeté d'utiles femences qui ont fructifié, & dont il ne refte plus qu'à recueillir le fruit.

Ces avantages confiftent, 1°. à rendre les jugemens moins incertains, & à fixer ainfi avec plus de folidité les fondemens fur lefquels repofe la fortune des citoyens. 2°. A diminuer beaucoup la multitude des procès qui font une fuite des difpo-fitions de la jurifprudence actuelle, ou qui font une fuite des erreurs des citoyens ou de leurs confeils, occafionnées par la complication de cette jurifprudence. 3°. A porter une influence favorable fur les mœurs par de nouveaux articles de légis-lation qui les préferveroient de la corrup-tion, tels que feroient ceux fur l'établif-fement général de la puiffance paternelle, ou bien par la diminution même du nombre des procès qui divifent les citoyens & les familles, occafionnent des haines invété-rées, &c. 4°. A rendre la tranquillité à une foule de fujets, que ces procès mul-tipliés défolent ou ruinent. 5°. A mettre ces fujets en état d'appliquer au com-

merce

merce ou à l'agriculture, ces fommes dé-
penfées pour des procès qui n'exifteroient
plus en auffi grand nombre. 6°. A éviter
les inconvéniens qu'il y a à changer de
jurifprudence en changeant de province.
7°. A infpirer une douce confiance aux
étrangers qui viennent s'établir dans le
royaume, & qui y feroient bien mieux
attirés par une légiflation d'autant plus
fatisfaifante, qu'elle feroit fimple & uniforme. 8°. Enfin, à diminuer la multitude des gens de robe dont les occupa-
tions & les profits feroient extrêmement
réduits par un code fimplifié ; ce qui rendroit au commerce & aux profeffions
utiles, une foule de citoyens qui augmen-
teroient les richeffes de l'état.

Il réfulte de ce parallele, que les avantages du renouvellement du code l'emportent de beaucoup fur les inconvéniens
que cette réforme peut faire craindre; mais
on doit éviter ou diminuer autant qu'il
eft poffible ces inconvéniens, comme
nous le dirons ailleurs.

B

CHAPITRE III.

Pourquoi les travaux faits jusqu'à présent pour le renouvellement du code ont-ils si peu avancé ce renouvellement ?

ON auroit tort d'attribuer feulement les difficultés qui fe font rencontrées pour l'entier renouvellement d'un code uniforme, à l'attachement de chaque province, pour conferver fes loix coutumieres, à l'impoffibilité de ramener ces diverfes loix à un point de conciliation, ou à la circonfpection du gouvernement qui a fufpendu cette entreprife à laquelle Monfieur d'Agueffeau prenoit tant d'intérêt. Il exiftoit, j'ofe le dire, de grandes difficultés dans la maniere dont on s'y étoit pris pour procéder à ce renouvellement. Les Séguier, les Lamoignon, les d'Agueffeau, les Talon, les Bignon, les Puffort, & tant d'autres magiftrats qui ont coopéré à ce grand ouvrage, & dont le nom eft

immortel, auroient - ils pu fe méprendre
dans la maniere d'envifager un tel projet?
Non fans doute. Ils ont fait tout ce que
les circonftances leur permettoit pour en
avancer l'exécution. Leur génie a tracé la
route, montré le but où il s'agiffoit d'ar-
river ; mais des obftacles réfultans de
l'état où étoit la jurifprudence, ont re-
tardé néceffairement leur marche, & ne
leur ont pas donné le temps d'atteindre au
but defiré. Ces obftacles avoient été ap-
perçus par M. d'Agueffeau, comme on
peut en juger par l'encouragement donné
à Domat pour qu'il s'appliquât à ranger
les loix Romaines dans un certain ordre ;
ce qui a été encore plus perfeótionné dans
les pandeótes de Pothier. Le recueil des
ordonnances fait par M. de Lauriere &
de Secouffe étoit également néceffaire ;
la bibliotheque des coutumes par de Lauriere ne l'étoit pas moins. Mais qu'on faffe
attention à ce que tous ces travaux préparatoires n'étoient point achevés lorfqu'on a commencé l'entreprife du renou-

vellement du code. Je dois avouer moi-même que fans les loix civiles de Domat, fans les pandeſtes de Pothier, je n'aurois peut-être pas fait le réſumé que j'ai publié en 1776 des principes du droit civil Romain. Je dois avouer encore que ſi je n'avois eu devant les yeux le ſyſtême raccourci de ce ſprincipes, je n'aurois pu donner le ſyſtême d'un code de raiſon très-brief que j'ai inféré dans mon ouvrage publié cette année.

Il eſt des travaux qui ne s'achevent que par progreſſion; & quand même il ſe rencontreroit un génie aſſez vaſte pour embraſſer les temps paſſés, les temps à venir, & qui pût combiner les effets d'une juriſprudence où l'on s'occupe des plus grands détails, ce génie ſoutenu par l'autorité n'avanceroit pas beaucoup le renouvellement d'une telle légiſlation, ſi certains travaux matériels qui exigent des ouvriers appliqués à de longues combinaiſons ne ſont point déjà préparés, & ſur-tout ſi les eſprits ne ſont pas eux-mêmes préparés à accepter cette révolution , soit par les livres dont ils sont imbus, soit par une expérience qui ne s'acquiert qu'à la longue. Or, lorsqu'en 1665 on songea à travailler efficacement à la réformation du code , il manquoit une foule d'ouvrages préparatoires indispensables que nous possédons aujourd'hui. On appela aux conférences des magistrats, des avocats. On discuta les détails de chaque coutume, & on fit des arrêtés qui n'ont point reçu de sanction. Mais il falloit avoir devant les yeux l'analyse la plus pure du droit Romain qui est le fondement même du droit coutumier. Il falloit séparer les loix de raison d'avec les loix positives. Il falloit simplifier les unes & les autres , parce qu'en adoptant trop de détails dans un nouveau code , on ne fait que changer difficultés pour difficultés : enfin , il falloit que les esprits fussent préparés à la révolution, & que l'on fût dans la position où nous sommes ; c'est-à-dire , avoir des arrêtés tels que ceux de Lamoignon , qu'on pût

comparer à un code plus simplifié. J'ajouterai que lorsqu'on commença à s'occuper
des arrêtés de **Lamoignon**, les idées qu'on
avoit généralement dans le barreau, touchant le droit Romain, n'étoient point
tout à fait celles qu'il convenoit qu'on
eût pour qu'un légiflateur pût opérer affez
librement le renouvellement qu'on defi-
roit. Bien plus, les magiftrats qui coopére-
rent à ces arrêtés, quoiqu'ils fuffent difpofés à contrarier le droit Romain, avoient
néanmoins pour cette jurifprudence un
refpect peut-être exceffif.

Qu'on life la page 5 de ces arrêtés,
on y verra que lorfqu'un article des coutumes contrarioit le droit Romain, on
s'exprimoit ainfi : *ce qui contrarie le droit.*
On regardoit donc dans ces conférences
le droit Romain comme le droit par excellence. C'étoit une efpece de préjugé.
Il n'y a de droit par excellence que les
loix naturelles & de raifon communes à
tous les peuples. J'ofe le dire : les loix pofi-
tives des Romains ne devoient point être

regardées de cet œil par les rédacteurs de la législation Française.

A la page 8 des mêmes arrêtés, après avoir parlé de la rigueur de la puissance paternelle dans les pays où l'on suit le droit Romain ; après avoir rapporté l'exemple d'un seigneur ayant femme & enfans, & qui à l'âge de soixante ans n'avoit pu faire un testament, *nequidem permittente patre ;* après avoir reconnu qu'une telle sévérité ne convenoit point à nos mœurs , on met en délibération s'il seroit à propos de se relâcher de cette rigueur. Cela montre à quel point on révéroit encore le droit Romain. Il étoit donc bien nécessaire qu'un écrivain fixât la véritable valeur de la jurisprudence Romaine qui a toujours eu peu d'enne- mis, beaucoup de partisans. C'est à quoi j'ai tâché de parvenir dans un ouvrage im- partial, pour que le public qui n'appro- fondit point cette science , pût en faire une juste appréciation, & en eût une fois pour toutes des idées certaines & bien claires.

CHAPITRE IV.

Comment il est possible que de nouveaux travaux qui se feroient aujourd'hui, fussent plus propres à achever le renouvellement du Code ?

En exposant précédemment les difficultés qu'il y a eues lors de l'entreprise du renouvellement du code, j'ai rendu l'hommage le plus marqué aux arrêtés de Lamoignon, puisque je les regarde comme une richesse qui doit nous rendre capables de former à présent un code uniforme. Nous sommes encore dans une position meilleure pour espérer un code de cette espece. Le nombre de personnes éclairées qui peuplent la France, les livres propres à aider une entreprise pareille, les ordonnances sur les formes judiciaires, sur les donations & les testamens qui ont avancé une partie de l'ouvrage ; les droits féodaux extrêmement réduits par la jurisprudence des tribunaux, tout nous met plus en état de fonger au renouvellement du code, qu'on n'étoit il y a un fiecle. Bien plus, Louis XVI, heureufement régnant, a déja accompli le premier vœu des magif- trats qui furent confultés pour les arrêtés de Lamoignon, qui étoit de détruire les reftes qui fubfiftoient encore des fervitudes perfonnelles, que faint Louis avoit abo- lies par une détermination juftement re- gardée comme un des plus beaux traits du regne de ce prince.

Cependant, quoiqu'on pu'ffe fuppofer aujourd'hui cette difpofition des efprits à accepter la réformation des loix, il eft de la prudence de ne point procéder tout d'un coup à la publication d'un code uni- forme. Il faudroit, ce femble, effayer quelques ordonnances qui, portant fur les objets les plus étendus des caufes civi- les, donnaffent dans peu la facilité de faire fortir ce code univerfel de la réu- nion de ces ordonnances · & d'un choix des loix de raifon tirées du droit Romain.

L'ordonnance la plus utile aux mœurs &
à la paix des familles feroit celle qui auroit
pour objet la puiffance paternelle. Celle
qui régleroit les fucceffions *ab inteftat*,
d'une maniere uniforme, feroit encore
très-importante. Ces deux ordonnances
étant une fois exécutées, j'ofe prédire
que tout fe concilieroit aifément, pourvu
qu'on ne perdît jamais de vue un point
fixe qui pût fervir de comparaifon aux
diverfes coutumes.

Ce point fixe devroit être LA CONCI-
LIATION DE LA COUTUME DE PARIS,
AVEC LES LOIX LES PLUS SAGES DU
DROIT ROMAIN.

Ce n'eft pas tant pour donner la préférence à la capitale, qu'il conviendroit
que cette conciliation fervît de pierre de
touche pour la conciliation des autres
coutumes * ; mais c'eft à caufe du grand
nombre d'habitans qui font fujets à la

---

* On peut auffi alléguer qu'on fe rapporte à la coutume de Paris, lorfque les autres coutumes font muettes,
ou qu'elles ont befoin d'interprétation.

coutume de Paris. Si d'un côté nous éva-
luons le nombre de ces habitans au-delà
d'un vingtieme de la population du royaume , & que d'un autre côté nous ajou-
tions à ce nombre la population des pays
régis par le droit écrit *, on jugera que
la jurisprudence qui conviendroit à une si
nombreuse portion des sujets du Roi,
doit l'emporter sur les loix particulieres,
qui, prises à part, ne conviennent chacune, ou ne paroissent convenir qu'à un
nombre beaucoup moindre des habitans
du royaume.

Si cette conciliation particuliere peut
s'obtenir avec facilité, comme on en
jugera par mon essai, il en résultera
qu'après avoir adopté quelques ordonnances générales sur un petit nombre de
matieres importantes, on sera possesseur
d'un code complet de loix uniformes,
sans se douter qu'une opération si vaste,
si difficile se trouve faite d'elle-même.

---

* Le droit Romain gouverne presqu'un tiers de la
France , comme on l'a reconnu dans les arrêtés de
Lamoignon.

Le lecteur juge peut-être déja que ce plan eſt aſſez bien entendu , pour deſirer que je lui offre tout de ſuite les moyens par leſquels je tâche de le remplir. Mais en faveur de la régularité de la marche que je fais ſuivre à mes idées pour parvenir à un code uniforme, qu'il me pardonne un peu d'irrégularité dans la maniere dont j'arrange diverſes obſervations qui tiennent au ſyſtême déja adopté dans mon livre de la réforme des loix civiles ; que la méthode du juriſte faſſe excuſer ici l'écrivain ſur quelques écarts dans l'ordre des penſées que la réflexion ajoute ſucceſſivement au ſyſtême qu'il a ſoumis au public. Je ramenerai encore le lecteur au même point d'où je ſuis parti dans l'ouvrage dont je viens de faire mention.

CHAPITRE V.

De la simplicité des élémens de toutes les sciences, & des écarts auxquels on s'expose en s'éloignant de cette simplicité.

LE titre seul de ce chapitre annonce une digression qui va me conduire plus loin que semblent ne le comporter la nature & la briéveté de l'essai auquel ces observations servent de préliminaire.

Quelque science à laquelle l'homme veuille s'appliquer, il sera d'abord très-heureux si on lui en offre les élémens vrais & simples. Si la noble ardeur de s'instruire enflamme son cœur ; s'il se plaît à étendre le domaine de ses connoissances, ou, pour mieux dire, l'empire de son ame, il multipliera ses recherches sur beaucoup de choses relatives à cette science, étudiera, combinera ; & après s'être enrichi d'observations, s'il est bien

organifé, chaque chofe prendra fa place
dans fa mémoire, l'acceffoire fera rangé
dépendamment du principal, les divers
effets fe rapporteront à une caufe générale ; enfin, des détails prefque infinis fe
trouveront d'eux-mêmes claffés dans fon
cerveau. Il reconnoîtra que tout defcend,
émane des premiers élémens qu'il a commencé d'apprendre, ou par lefquels il a
dû commencer. D'une part, il verra l'im-
menfe fécondité dont ces élémens font la
fource, élémens qui viennent eux-mêmes
d'un principe unique. Ce commencement
de la chaîne l'étonnera, le remplira d'ad-
miration. D'autre part, il fe fentira inca-
pable de connoître abfolument tous les
détails auxquels cette chaîne le conduit.
Cette infinité d'effets fera hors de fa portée, comme l'infinité de la puiffance qui
eft la caufe productrice de tout ce qui
exifte. La capacité de fon intelligence fe
trouvera fuffifamment remplie par des
connoiffances intermédiaires. Les deux
extrêmes lui échapperont. Il faudra qu'il

mesure l'étendue à laquelle il peut se porter ; & que, se renfermant dans de justes
bornes , il se contente humblement de
profiter des notions qu'il lui est permis
d'acquérir. Ainsi pour l'homme, le su-
blime du savoir est le *rectè sapere*.

J'entre dans un de ces vastes réservoirs
de science humaine, si l'on peut user de
cette expression, dans une de ces énormes
bibliotheques, où sont entassés tant de
volumes de tous les genres. Un philosophe
a dit, & je le crois, que si par le moyen
d'une baguette enchanteresse on pouvoit
réduire ces volumes à ce qu'ils contiennent de vrai & d'utile , tout se placeroit
aisément dans un cabinet étroit. Mais la
baguette nous manque. Je demande si ce
que l'on savoit dans les premiers temps,
valoit mieux que ce que l'on sait aujour-
d'hui. L'un répond, oui ; & l'autre, non.
Mais on me donne à lire le petit nombre
de livres anciens qui nous sont restés. Je
parcours ces ouvrages avec attention ,
non sans me plaindre de ce que je ne com-

prends pas tout , & de ce que j'ai à fuppléer par conjectures pour me former
l'idée du fyftême des connoiffances hu-
maines dans les fiecles les plus reculés de
l'antiquité. Ce fyftême conduifant à moins
de détails que les connoiffances des modernes, [je comprends parmi ceux-ci les
Grecs depuis Alexandre,] pourroit vrai-
femblablement être faifi avec facilité par
mon intelligence, s'il m'étoit clairement
expofé.

Parmi ces antiques docteurs, auprès
defquels j'aurois à cœur de m'inftruire,
il me fembleroit fuffifant d'en trouver un
qui m'initiât aux plus anciens myfteres
d'Ifis. Quoi ! les hommes s'étoient-ils rendus indignes de la fcience ? & falloit-il la
cacher fous le myftere pour la rendre
plus facrée, n'en faire part qu'à ceux qui
étoient difpofés à la fageffe ? L'époque
feule de l'inftitution de ces myfteres me
feroit croire que la création de l'homme
ne remonte pas au-delà du temps affigné
par la Genefe, fi j'avois befoin de cette
preuve:

preuve. On ne trouve pas une collection de médailles précieuses dont les formes soient assez pures, assez bien conservées, pour en former un riche dépôt qui n'est montré qu'à un petit nombre de curieux, lorsqu'il s'est écoulé un temps assez long pour altérer ces formes, ou dégrader la matiere où elles sont empreintes. Ce qui est peut-être plus vrai pour la pureté des maximes morales, que pour des figures sur l'airain ou sur le bronze. Mais laissons cette question. Peut - être aurois-je été convaincu par cette initiation, que tout émanant d'un principe unique, soit dans l'ordre moral, soit dans l'ordre physique, un petit nombre d'élémens suffit à chaque science, & qu'il y a aussi des élémens très-simples qui s'appliquent à la science universelle. Je verrois cette simplicité marquée dans la combinaison de certains nombres qui ont paru sacrés. Les nombres ternaire, quaternaire & septenaire ont eu leurs especes d'adorateurs. De-là je conclurai, non qu'il faut respecter des

nombres abftraitement pris ; mais admi-
rer la fimplicité des premiers élémens de
la fcience donnée à l'homme par la Divinité. Oui , par la Divinité. Le premier
homme forti de fes mains n'a point été fi
brut qu'il ait fallu des millions de fiecles pour faire de fa poftérité des hommes de quelque valeur , & je n'aime pas
d'être obligé d'accorder plus de mon
eftime à cet être , à proportion de l'éloi-
gnement où il s'eft trouvé de l'époque à
laquelle la main du Tout-Puiffant l'a créé.
Je n'aime pas non plus qu'on ait dépenfé
beaucoup d'efprit pour expliquer la pro-
greffion mécanique au moyen de laquelle
il eft enfin parvenu à exprimer fa penfée.
J'aime bien mieux croire qu'en créant le
premier homme, Dieu lui a donné une
langue primitive, une idée de fon Créateur , une connoiffance des devoirs de
pere , de fils , & des hommes entre eux.
La premiere famille qui a exifté a fenti la
fubordination qui devoit y regner pour
le bien commun , & les foins que le chef

devoit prendre pour ſes ſubordonnés:
C'eſt l'image en petit des gouvernemens
des nations.

Dieu , nos parens , nos freres ou *nos
égaux.* Voilà la religion, la philoſophie
morale, & la juriſprudence primitive qui
en fait partie. C'eſt proprement la théocratie ; c'eſt l'objet des devoirs enſeignés
par Dieu même. A meſure que la terre
s'eſt peuplée, il a fallu que chaque peu-
plade reconnût un chef des familles réu-
nies, comme chaque famille reconnoiſſoit
le ſien.

Les anciens gouvernemens que je dois
appeler théocratiques , n'ont eu qu'un
mot à ajouter aux trois que j'ai énoncés
& qui eſt dérivé d'un des trois. *Dieu ,
nos parens , nos égaux , le Roi* ou *l'Empereur.* Ce dernier mot, *l'Empereur* ou
le Roi, a gradué les conditions des habitans d'un état qui tenoient du chef plus
ou moins de pouvoir , outre que les conditions ont été différenciées par les talens
& l'induſtrie des uns , l'incapacité des

autres ; par les befoins de ceux-ci, par les richeffes de ceux-là, &c.

Moïfe, en expliquant le gouvernement théocratique, s'en eft tenu à un petit nombre de loix. Les Chinois, les anciens peuples ont confervé une partie de cette philofophie fimple. C'eft à la fidélité que les Chinois ont eue pour ces antiques principes non inventés, mais retracés, recommandés par Confutzée, qu'ils ont dû leur tranquillité & la durée de leur empire. Chez les Egyptiens, l'ancien culte défiguré, les égaremens des paffions qui ont dominé le peuple & les chefs du peuple, ont forcé la fageffe à fe cacher fous l'ombre du myftere.

Les philofophes Grecs, inftruits de la morale des Egyptiens, mirent à profit dans leurs écrits les faints principes qui dérivoient de l'antique théocratie. La philofophie a été définie, fcience univerfelle, *rerum divinarum atque humanarum notitia ;* ce qui indiquoit la fimplicité des premieres connoiffances d'où toutes les

autres dérivent ; définition que la jurisprudence des Romains s'est appropriée.

Ceux des Grecs , qui cultiverent les
sciences sans mystere , les chargerent de
vains commentaires , & furent sujets à
mille erreurs. Tellement il étoit plus aisé
de faire un mystere de la science , que de
retenir l'homme dans les bornes d'une
sage érudition. * Les Grecs ont ainsi principalement outragé les maximes fonda-
mentales de la science primitive donnée
à l'homme par l'Etre - suprême ; science
qui a été négligée, oubliée , abandonnée,
& puis reprise en partie , & puis défigu-
rée çà & là plus ou moins. Cependant les
Grecs respecterent la jurisprudence. Ils
voyoient que les autres parties de la philosophie spéculative pouvoient se com-
menter, s'altérer sans danger trop nota-
ble pour la société. Les philosophes té-

____

* Ceci n'empêche point de reconnoître les erreurs des
Mystagogues , les abus & même les indécences qui se
glisserent dans la célébration des mysteres du Paga-
nisme.

moignerent leur vénération pour la Divinité , infpirerent l'amour de la patrie,
infifterent fur les devoirs entre parens ,
parlerent en général de l'égalité & de la
juftice qui devoit regner parmi les hommes. Mais ils s'arrêterent à un certain
point où la philofophie traitoit des loix
civiles, & s'inclinerent devant le principe qu'il faut peu de loix , que tous les
fujets doivent les connoître, que la raifon
des juges doit fuffire aux jugemens des cas
particuliers dont les différences infinies
échappent au Légiflateur.

J'ai déja montré comment les Romains
s'écarterent les premiers de la fimplicité
de la jurifprudence primitive , & combien cela fut peu philofophique, combien
il s'en eft enfuivi de conféquences funef-
tes. Maintenant j'ajouterai qu'ils ont été
ainfi les premiers à commettre fans le
favoir une impiété condamnable , puif-
qu'ils ont altéré cette légiflation primitive qui appartenoit à la théocratie , qui
ne formoit qu'un lien des hommes à Dieu,

des hommes entre eux, des hommes à l'égard de leur chef, & qui renforçoit ce lien par un petit nombre de loix.

Que des favans, dans les idiómes de l'antiquité la plus reculée, montrent comment la Providence a confervé dans chaque langue des racines qui défignent leur origine commune ; qu'ils montrent dans les fignes figuratifs de la parole, dans les ufages, dans le culte, dans les loix, dans la morale, comment tout ce qui n'en a pas été dépravé defcendoit de cette fcience primitive, bornée, il eft vrai, mais plus fublime que l'enfemble des découvertes acquifes avec le temps, plus utile du moins à certains égards, en cela feul qu'elle étoit plus bornée. Que d'autres favans décompofent les mots, les lettres employées dans la langue primitive pour prouver que cette langue, comme cette fcience, avoit des rapports qui, en fe combinant, s'étendoient à tout & réduifoient tout à un principe unique, ou du moins à des élémens très-fimples ; je ferai très-

C iv

porté à les en croire , quoiqu'ils me paroiffent rifquer de tomber fouvent dans
l'erreur. S'ils peuvent former par leurs
recherches un corps de doctrine fatisfai-
fant, il s'enfuivra que l'abus de la fcience
humaine, & les maux qu'elle a produits
ont commencé prefque avec la fcience
qui eft bonne en elle-même. Il s'enfuivra que les feules obfervations qu'on a pu
multiplier fans inconvénient, & toujours
avec avantage, ne font que fur l'hiftoire
naturelle & les mathématiques. Il s'enfuivra fur-tout une vérité recommandable
que notre raifon doit nous faire admettre
indépendamment de toute difcuffion fcien-
tifique : favoir, que les loix civiles tiennent
à la religion , aux devoirs des peres & des
enfans, à ceux des hommes comme fujets , comme citoyens ; que ces loix doivent être claires, précifes , en petit nombre, pour être connues de tous ; enfin,
que puifque la philofophie primitive, com-
muniquée aux hommes par leur Créateur,
ne dictoit qu'un petit nombre de loix qui

ont été propres aux anciens gouvernemens de tous les peuples de l'univers *,
à plus forte raifon un feul royaume, quelque vafte qu'il foit , doit fuivre une légiflation fimple & uniforme.

Nous n'abuferons pourtant pas de cette
conféquence fondée fur des principes gé-
néraux auxquels il faut déroger jufqu'à un
certain point relativement aux gouvernemens modernes qui ne reffemblent point
aux anciens.

CHAPITRE VI.

De l'objection principale qu'on fait contre une Légiflation brieve.

REVENONS à l'objet de cet Effai ;
occupons - nous des temps préfens , bien
différens à la vérité de ceux où regnoit la
fimplicité de la jurifprudence primitive.
Quelque changement que les Etats aient
fubi , il refte toujours vrai que le code ne

____

* Voyez l'épigraphe de cet Effai.

doit contenir que des difpofitions dont l'enfemble foit d'une certaine étendue beaucoup moindre que celle qu'occupe notre jurifprudence actuelle. On m'objecte que le magiftrat doit être feulement l'organe de la loi , en faire l'application ; qu'il eft dangereux de le laiffer trop l'arbitre des jugemens , s'il n'a point de loi particuliere à appliquer aux cas particuliers. Je ne répéterai point ici les réponfes que j'ai faites ailleurs à cette difficulté ; je céderai à l'objection , lorfqu'on m'aura appris comment il eft poffible de faire des loix fur tous les cas particuliers.

Un magiftrat * qui a recueilli avec foin toutes les loix , régiemens , &c. qui ont eu lieu depuis l'établiffement de la monarchie Françaife , ce qui eft indépendant des articles multipliés des diverfes coutumes du royaume , a fans doute un recueil précieux , unique , mais qui épouvante l'imagination. Il contient près de huit

---

* M. de Saint-Geniès.

cents mille loix dans onze cents volumes.
On a peine à le croire. J'ai lieu de pré-
fumer qu'à caufe de la contrariété de ces
loix qui fe font fuccédées, il ne refte pas
vingt mille cas diftincts, pofitivement
jugés, même en embraffant tous les genres & tous les détails de l'adminiftration.
Il en refte beaucoup moins de décidés, fi
on fe réduit à ceux qui regardent la jurifprudence civile fuivie dans les tribunaux.
Mais quand il y auroit huit cents mille
difpofitions légiflatives en matiere judi-
ciaire, les partifans d'une légiflation qui
détermine le jugement de beaucoup de
cas particuliers, diront-ils qu'elle eft
ainfi plus complette? On leur prouveroit
que huit cents millions de loix ne pour-
voiroient pas à tout. Qu'ils n'exigent donc
pas l'impoffible, & fe contentent d'une
jurifprudence fimple & uniforme.

Mais quelle eft la jufte étendue que
doit avoir cette jurifprudence? *Hoc opus,
hic labor eft.* Je penfe que les bornes
qu'il convient de lui affigner font celles

d'un livre dont la multitude puisse aisé‑ment s'instruire.

Relisons toute l'histoire ancienne & moderne. Je soutiens qu'on y trouvera sur-tout des plaintes contre les tribunaux & contre l'administration de la justice aux époques où la jurisprudence a été compliquée. Jamais l'équité n'a été mieux suivie que lorsqu'il y a eu un petit nombre de loix. C'est alors qu'on a célebré la justice d'un sénat, d'un aréopage, d'un préteur, d'un juge, ou d'une assem‑blée de juges. On pourroit dire que le nombre d'injustices commises par les magistrats s'apprécie en raison du nombre des loix qu'ils ont eu à suivre ; ce qui n'empéche pas qu'on ne puisse assigner d'autres causes aux injustices qui ont été commises. Mais si la supposition précé‑dente est une vérité, il ne faut point en abuser comme j'ai dit ailleurs, & je reconnois de nouveau qu'il faut un cer‑tain nombre de dispositions législatives, propres à rendre fixes les fondemens sur lesquels repose la fortune des citoyens.

CHAPITRE IV.

Des travaux à faire fur nos Livres de Jurifprudence , pour ramener cette fcience au degré de fimplicité qu'elle devroit avoir actuellement.

EXPOSER ici la maniere dont j'eftime qu'il faudroit s'y prendre pour préparer le renouvellement du code , c'eft avouer hautement que je n'ai prétendu foumettre au public qu'un fimple Effai ; que je me méfie de l'infuffifance de mes lumieres , & que dans une matiere auffi facrée , auffi délicate que la légiflation d'un vafte royaume , tout écrivain doit trembler en propofant telle ou telle loi. J'ai terminé le Livre que j'ai publié de la réforme des loix civiles en invitant les philofophes , les Juriftes éclairés à unir leurs efforts pour mettre dans un point lumineux le vrai fyftême de jurifprudence qu'il s'agit d'admettre au lieu de celle qu'on accufe

juſtement d'être trop compliquée. Maintenant je leur obſerverai qu'il importe de
ſuivre plutôt les traces des fameux juriſ-
conſultes de l'antiquité , qui ont précédé
l'établiſſement des écoles de droit , que
d'imiter cette foule de légiſtes , même des
plus célebres , qui ne ſont venus qu'après
l'établiſſement des écoles ; car il y a une
différence eſſentielle entre les uns & les
autres. Un ancien juriſconſulte ne parvenoit à acquérir une certaine célébrité
que par un moyen diamétralement oppoſé
à celui qui a illuſtré la plupart des légiſtes
depuis le douzieme ſiecle. Les Ulpien, les
Labeon, les Paul, &c. étudioient la multitude des cas à juger qui ſurviennent
dans la ſociété, & employoient toute la
droiture de leur eſprit à déterminer le
jugement d'une foule de queſtions par
une regle unique qui les embraſſoit toutes,
ou en embraſſoit un grand nombre ,
comme l'on ramaſſe les différentes eſpeces
ſous le genre. On dit de Papinien , qu'il
avoit excellé dans cet art ſublime, d'où

dépendoit la perfection du jurisconsulte.
N'oublions pas que ces jurisconsultes
avoient toujours devant les yeux le grand
principe des philosophes Grecs sur la
législation civile : savoir, qu'il est absolu-
ment impossible que les loix déterminent
le jugement de tous les cas particuliers.

Au contraire, les jurisconsultes modernes 'ont dû la plupart leur réputation à
l'énormité de leurs volumes. A la vérité,
cette réputation étoit également fondée,
des uns sur leur facilité à écrire dans une
langue morte, des autres qui ont mal
écrit en cette langue sur la droiture de
jugement qu'ils ont montrée en expliquant les loix, des autres sur les recherches pénibles qu'ils ont faites par le
rapprochement de ces loix ou des commentaires précédens, des autres enfin sur
la réunion de ces divers talens. Mais on
voit que presque tous les interpretes ou
les tractatistes se sont plu dans le détail
des cas particuliers. Et voilà comment
j'entends que leur réputation a été fondée

fur la groffeur de leurs livres. Une telle obfervation ne diminue rien de l'opinion qu'il faut avoir du mérite des auteurs. Je n'ignore pas que ces juriftes modernes ont été en quelque forte obligés de fuivre leur méthode par la jurifprudence à laquelle ils étoient foumis. Mais il s'agit ici de rechercher les moyens d'améliorer la jurifprudence , & les obfervations qui peuvent y contribuer, ne doivent point être négligées par trop de refpect pour l'autorité des juriftes que le barreau révere.

Il réfulte de la comparaifon précédente, que voulant ramener les loix à leur fimplicité native , on ne doit maintenant s'occuper qu'à analyfer ce qui a été adopté dans la jurifprudence. L'analyfe eft le feul genre de travail dont on puiffe profiter pour un nouveau code. Cette vérité eft acceffoire de la grande vérité que j'ai établie, favoir, que le nouveau code doit être refferré dans de juftes limites. Il eft fuperflu d'ajouter que l'équité naturelle , &

les

les motifs d'utilité publique font la regle véritable de toutes les difpofitions légiflatives qu'il s'agit d'admettre. Mais cette analyfe qui fuppofe tant d'attention, tant de juftefle d'efprit, faut-il l'employer fur tous nos livres de jurifprudence ? Dieu nous garde d'y prétendre. Ce feroit renvoyer bien loin la réalité du code defiré. Ce feroit prefque y renoncer. A quoi ferviroit d'analyfer tant de commentateurs fur des loix obfcures ou ambiguës, tant de traités qui contiennent l'opinion des jurifconfultes fur des cas particuliers ? Il nous fuffiroit dans chaque matiere d'avoir le tableau des diverfes loix exiftantes, & quelquefois à l'aide des livres de jurifconfultes, plus fouvent guidés par les lumieres de la raifon, fimplifier la regle, la rendre générale, ne faire mention que de quelques cas particuliers les plus importans & les plus fréquens.

Tout le monde conçoit cette opération ; mais je doute qu'on puiffe la remplir d'une maniere fatisfaifante, fi on n'a

D

devant les yeux un point de réunion auquel les difpofitions légiflatives fe rapportent principalement. Ce point fixe eft celui dont je vais m'occuper dans cet Effai.

E S S A I

Sur la rédaction d'un nouveau Code
en France ,

O U

PLAN offert en abrégé d'une législation
civile uniforme dans tout le royaume ,
avec la preuve justificative des articles
de cette législation comparée seulement
dans cet Essai avec la coutume de Paris.

LA rédaction des nouvelles loix civiles
doit·être le résultat d'une analyse qui
simplifie tellement les principes qui ser-
viront de base à la jurisprudence & en
embrasseront tous les objets, qu'on puisse
du premier coup-d'œil juger que cette
rédaction qui jusqu'à présent a paru si

D ij

difficile , eft néanmoins très - aifée , &
porte par - tout l'empreinte de l'exacte
équité , ou des maximes politiques que
l'utilité générale nous dicte.

Cette rédaction doit être divifée en
deux parties ; l'une pourra être appelée
du code antique , l'autre du code nouveau.

PREMIERE PARTIE.

Code antique.

C'EST le code univerfel de raifon qui
peut être commun à tous les peuples civi-
lifés. Tout ce qui ne fera point établi ,
modifié par le code pofitif, doit fe juger
au moins par induction d'après les regles
de ce code de raifon, dont je me difpenfe
d'offrir ici la rédaction, parce que je l'ai
déja foumife au public dans mon Livre
de la réforme des loix civiles. *Voyez dans
les premieres preuves juftificatives ci-
jointes, la démonftration de l'ütilité que
le public retireroit de ce code au numéro
premier.*

SECONDE PARTIE.

Code nouveau.

JE vais offrir tout de suite les articles de ce code, [*voyez le* N°. 2.] qui indiqueront d'eux-mêmes quelles sont les vues que j'adopte, ou qui seront accompagnés d'une note dans les preuves suivantes, où je montrerai l'effet, l'étendue, l'utilité de ces articles, & désignerai toutes les matieres qu'ils embraffent & qu'ils simplifient.

ARTICLE PREMIER.

Toutes les difpofitions des anciennes coutumes du royaume, auxquelles on peut déroger par convention, feront abolies par la raifon que les fujets que cette abolition blefferoit peuvent fe conferver les droits qui y font relatifs en y pourvoyant par leurs conventions expreffes : toutes ces difpofitions doivent être fpécifiées

D iij

dans ce code. *Voyez N*_o. *3. Sur quoi ,
ainsi que sur toutes les innovations suivantes , on observera que le code actuel ne
doit point avoir d'effet rétroactif.*

A R T. I I.

Il ne sera maintenant dérogé d'aucune
maniere aux loix féodales qui continue-
ront d'être observées comme par le passé ,
ce qui comprendra les privileges & droits
des personnes & biens nobles. *De cette
maniere on ne confondra point trop d'objets dans l'entreprise du renouvellement
du code. Voy. N°. 4.*

A R T. I I I.

Les dispositions des coutumes relatives
aux objets qui ont été déja fixés par des
ordonnances générales pour toute l'étendue du royaume, seront supprimées. *Voy.
N°. 5.*

A R T. I V.

Chaque commune, dans les villes où il

y a bailliage ou fénéchauffée, &c. dreffera
le plan des ftatuts particuliers qu'elle de-
fire faire obferver, qui feront communs
à tout fon reffort ; chaque ville, qui avoit
le droit de fuivre une coutume particuliere , indépendamment de celle de fa
province, dreffera le même plan , & ces
ftatuts feront préfentés au parlement de
la province, pour y être examinés & auto-
rifés , fauf d'autorifer à faire de fembla-
bles ftatuts certaines villes ou lieux particuliers , fi les circonftances l'exigent. On
ne s'occupera point dans ces ftatuts , des
matieres de jurifprudence définies & réglées par ce nouveau code pofitif. Mais
on y comprendra. tous les autres articles
fur lefquels la coutume de la province
avoit précédemment ftatué. *Voy. N°. 6.*

A R T.   V.

Le retrait lignager demeurera entierement fupprimé, ainfi que toutes les difpofitions des coutumes qui y font relatives;

D iv

Ou bien, si on veut conserver ce droit de retrait, on l'étendra dans tout le royaume, avec les restrictions proposées dans le N°. 7, où nous discutons cette matiere.

A R T.   VI.

Les tuteles & curatelles seront toutes datives, & les obligations des mineurs seront nulles, comme ci-devant. *Voyez* N°. 8. La majorité sera par-tout fixée à vingt-cinq ans.

A R T.   VII.

Les droits de la puissance paternelle, qui font les fondemens des mœurs de la nation, de la paix des familles, & de la prospérité de l'état, seront généralement réglés comme s'enfuit. *Voy. N.* 9.

1°. La puissance paternelle aura lieu dans tout le royaume sur les enfans jusqu'à ce que ceux-ci aient atteint l'âge de trente ans & sous les modifications ci--après.

2°. Cette puissance, tant qu'elle ne sera

point modifiée par les loix fuivantes ,
confiftera à rendre nuls tous les contrats
& actes paffés par les enfans fans l'autori-
fation du pere , & à donner à celui-ci le
foin des perfonnes & l'adminiftration des
biens de fes enfans , enfin l'ufufruit des
mêmes biens.

3°. Le pouvoir coactif ou prohibitif
fur la perfonne des enfans ne s'exercera
plus dès qu'ils auront atteint l'âge de
vingt-cinq ans , fauf aux parens de recou-
rir aux magiftrats fuivant l'exigence des
cas. Le pouvoir prohibitif continuera
néanmoins de s'exercer pour empêcher
les mariages des enfans jufqu'à l'âge de
trente ans , excepté pour les enfans
dont les pere & mere n'ont pas enfemble une fortune jufqu'à la concurrence de dix mille livres ; pour ceux-ci ,
ce pouvoir prohibitif ceffera également
lorfqu'ils feront devenus majeurs de vingt-
cinq ans.

4°. Il dépendra des enfans mâles , qui
auront atteint l'âge de vingt-cinq ans , &

qui voudront vivre féparément de leurs parens, de jouir des biens qui leur font obvenus par fucceffion, autre que de leurs afcendans en ligne directe : ils pourront ftipuler des obligations jufqu'à concurrence de leur revenu d'une année, fans l'intervention de leur pere ; mais cette intervention fera néceffaire pour s'obliger au-delà, ou pour aliéner, échanger leurs fonds, recevoir l'extinction d'une rente, ou bien donner leurs biens fonciers à bail.

5°. Il ne fera permis au pere d'émanciper fon enfant qu'après que celui-ci aura atteint l'âge de majorité, & cette émancipation devra fe faire devant le juge du domicile.

6°. Les enfans feront émancipés par le mariage jufqu'à un certain point ; les filles le feront totalement, parce que le foin de leurs biens dotaux & non paraphernaux, appartient au mari qui doit gérer cette adminiftration avec autant de réferve qu'un tuteur, pour ce qui regarde l'aliénation des fonds : les hommes mariés obtiendront par cette émancipation le droit de faire un teſtament entre leurs enfans, d'avoir puiſſance ſur ces mêmes enfans qui ne dépendront de l'aïeul qu'à défaut du pere ; ils auront le droit de diſpoſer à leur gré de leurs revenus, & ne pourront aliéner du vivant de leur pere & juſqu'à l'âge de trente ans, que la moitié des biens obvenus d'ailleurs par ſucceſſion : ils diſpoſeront à tout âge de la totalité de ce qu'ils auront gagné par leur induſtrie ou par leurs épargnes.

Le droit de garde noble ou bourgeoiſe ſera conſervé aux meres dans les pays coutumiers & établi dans les pays de droit écrit, ſuivant l'explication qui en eſt faite dans le *N*⁰, 13 *des premieres preuves juſtificatives.*

A R T. VIII.

Les donations entre mari & femme, faites durant le mariage, ſeront nulles, à moins qu'elles ne ſoient faites par codicille ou par teſtament. *Voy. N*⁰. 10.

A r t. IX.

Les donations entre-vifs, faites par les peres à leurs enfans qui font fous leur puiffance, ne feront valables que lorfqu'elles feront faites en contrat de mariage, & fauf la légitime des autres enfans.

A leur tour, les enfans émancipés ou non ne pourront donner entre-vifs leurs biens-fonds à leurs afcendans; mais ils ne pourront tefter au préjudice de leur pere ou afcendant paternel, qu'en faveur des enfans qu'ils auront eux-mêmes. *Voyez N°. 11.*

A r t. X.

On ne pourra prefcrire d'aucune façon la faculté de racheter une rente fonciere conftituée fur une maifon. *Voy. les secondes preuves ci-après fur l'art. 121.*

A r t. XI.

Les rentes léguées à des œuvres-pies fur des maifons feront rachetables au denier vingt, quoique le teſtateur l'ait prohibé ; mais on en fera le remploi. *Voy. ibid. ſur l'art.* 122.

A r t. XII.

Dans le partage d'une ſucceſſion, ou lors de la fixation des légitimes ſur les biens d'un aſcendant, le pere doit rapporter même ce qui a été donné à ſes enfans lorſque le bien donné à ceux-ci par les aïeux n'excede pas les obligations dont le pere eſt tenu, ou qu'il eſt d'uſage de remplir envers ces enfans, & peut en tenir place ; mais il ne rapportera poïnt l'excédant, & ſe conduira à cet égard comme pour des légataires ou donataires étrangers. *Voy. ibid. ſur l'art.* 306.

A r t. XIII.

Les deſcendans en ligne directe feront préférés aux autres parens pour toute eſpece de ſucceſſion *ab inteſtat.* La regle pour les ſucceſſions *ab inteſtat* [*paterna paternis, materna maternis*] aura lieu dans

(62)

tout le royaume. *Voy. ibid. art.* 313.

La fucceffion aux biens propres d'un homme qui ne laiffe point de defcendans appartient aux afcendans en ligne directe; mais s'il laiffe des collatéraux afcendans & defcendans, ceux-ci excluront les collatéraux afcendans, fi ces defcendans font en degré égal ou plus proche de parenté avec le défunt. *Voy. ibid. art.* 312.

A r t. XIV.

Les plus proches parens ou les héritiers teftamentaires font cenfés faifis de la fucceffion de plein droit, à moins qu'il ne confte de leur renonciation. *Voyez ibid. art.* 318.

A r t. XV.

Le droit d'aîneffe pour la fucceffion aux biens nobles fera confervé dans les provinces où il eft déja en ufage. *Voyez ibid. fur l'art.* 324. Mais parmi les collatéraux qui partagent un bien noble, ce droit d'aîneffe n'a point lieu. *V. art.* 331.

L'action personnelle qu'on pourſuit contre les héritiers du débiteur en proportioń de la part qu'ils ont eue dans l'héritage, ne va point au détriment de ce droit d'aîneſſe, & ne le diminue point. *Voy. ibid. ſur l'art.* 334. Mais les mâles qui excluent les collatéraux des fiefs ſont ſujets à cette action. *V. ibid. ſur l'art.* 335.

ART. XVI.

Les articles des coutumes qui n'ont point d'égard au double lien ſeront abrogés. Le frere germain ſuccédera au préjudice du frere conſanguin ou utérin, & ainſi des autres collatéraux. *V. ibid. art.* 340 *&* 341.

ART. XVII.

On abrogera également les articles des coutumes qui veulent qu'en ligne collatérale celui qui ſe porte héritier ſimple exclue celui qui ſe porte héritier par bénéfice d'inventaire, quoique plus proche en degré. *V. ibid. art.* 342 *&* 343.

Art. XVIII.

On définira dans le nouveau code ce qui eſt meuble & immeuble, & l'on rendra univerſelles dans le royaume les diſpoſitions de la coutume de Paris, qui ſe trouvent conformes avec le droit Romain, dont il faudra inſérer les articles dans ce code. *Voy. les premieres preuves ci-jointes, N°. 12.*

Obſervations ſur les articles précédens.

Il doit réſulter de ce petit nombre d'articles, non la rédaction complette du nouveau code, mais le moyen ſuffiſant de faire avec facilité cette rédaction, en y joignant ce qui a été déja indiqué ou diſcuté dans le Livre de la réforme des loix civiles; de maniere que tout juriſte qui aura lu le code de raiſon, & enſuite ce plan de conciliation de la coutume de Paris avec le droit poſitif général, y verra que toutes les matieres y ſont renfermées,

&

& qu'il eſt aiſé d'appliquer le même travail aux autres coutumes. Il doit y remarquer ſur-tout qu'on a ſuivi dans ce plan
le même eſprit qui a guidé les magiſtrats
qui entreprirent la rédaction du nouveau
code & ne l'ont pas achevée. *Voyez les
premieres preuves*, *N°*. 14 *& dernier*.

*Premieres preuves juſtificatives de l'utilité
du plan propoſé.*

N°. 1.

J'appelle *code antique*, celui qui eſt
dicté par la raiſon, plutôt que de l'appeler
droit Romain. Quoique ce code ne ſoit,
pour ainſi parler, que le ſuc du droit
Romain, j'ai déja démontré dans quelques diſſertations que les maximes les
plus équitables qui ont été inſérées dans
le droit Romain avoient été la plupart
connues des nations antiques , & que
toutes avoient été précédemment adoptées, conſacrées par les écrits des anciens
philoſophes.

E

Il n'eſt preſque pas néceſſaire d'en-
ſeigner ce code univerſel de raiſon à ceux
qui par leur éducation ont été déja inſtruits
des maximes d'une bonne morale, & ont
aſſez développé dans eux-mêmes les ſen-
timens de juſtice & d'équité ; mais ce
code eſt indiſpenſable pour le peuple. Il
eſt aſſez brief pour être affiché comme
un édit, ou pour être diſtribué & lu facilement parmi toutes les claſſes de citoyens.
Comme l'intérêt de chacun le porteroit à
en prendre ſouvent connoiſſance, cette
lecture ſuppléeroit aux principes de morale dont tous ne ſont pas pénétrés, &
tiendroit lieu d'inſtruction morale à la
généralité des habitans du royaume, en
contenant leurs actions dans les bornes de
la juſtice. Ce qui eſt infiniment à deſirer.

N°. 2.

La conciliation des coutumes avec une
juriſprudence univerſelle n'eſt pas à beaucoup près ſi difficile qu'on l'imagine,
ainſi que j'ai déja remarqué, & que j'ache-

verai de le démontrer , par l'exemple de la conciliation de la coutume de Paris , dont je décompofe toutes les matieres dans les preuves fuivantes. L'on verra qu'elles peuvent fe fondre toutes dans un petit nombre de difpofitions légiflatives applicables à la généralité du royaume.

J'ai penfé qu'on devoit commencer par l'effai de cette conciliation fur la coutume de la capitale , & que le code pofitif général ne devoit être qu'une addition au code univerfel de raifon. La coutume d'Orléans , qui eft à peu près la même que celle de Paris , fe trouvera ainfi comprife dans mon Effai. Les points de vue que j'y embraffe faciliteront extrêmement le même travail qui fera fait fucceffivement fur chacune des autres coutumes. En élaguant une foule d'articles qui doivent être laiffés de côté, il ne reftera plus qu'à difcuter dans chaque coutume fi les loix univerfelles qu'on aura déja adoptées pour être communes entre la coutume de Paris & les provinces du droit écrit, peuvent être admifes par-tout fans inconvénient.

J'ofe promettre que de la maniere dont j'envifage la jurifprudence, les contradictions des coutumes pourront aifément être conciliées.

Il femble fuffifant d'appliquer ce travail aux coutumes générales des provinces ; il y aura peu d'inconvéniens d'y confondre les petites coutumes particulieres, fur-tout en s'appercevant comment on y fupplée par l'article **IV** du plan propofé.

N° 3.

Pour fimplifier le code nouveau, on doit diftinguer les loix que les citoyens peuvent éluder par leurs conventions d'avec celles qu'ils ne peuvent éluder d'aucune maniere. Les premieres font inutiles : on peut les fupprimer fans inconvénient ; parce que les citoyens peuvent fe conferver le droit que ces loix leur attribuent, en y pourvoyant par leurs conventions expreffes. Ainfi cette abrogation ne bleffe perfonne, mais il en réfulte un grand moyen de fimplifier le code. Le douaire, le mariage divis, la communauté des biens, le préciput légal, l'ameubliffement, le gain de furvie, font autant d'articles retranchés & renvoyés dans la claffe des conventions.

N.º 4.

Un code fimple eft particuliérement dû au peuple. Il y a moins d'inconvéniens que les feigneurs aient un code plus compliqué. Mais les habitans des fiefs ne font-ils pas peuple ? On doit donc auffi fimplifier les loix qu'ils fuivent, & leur épargner la multitude des procès. Malgré cette vérité, comme ce n'eft que peu à peu qu'on parviendra utilement à fimplifier la jurifprudence dans toutes fes parties, on doit renvoyer plus loin le renouvellement du code féodal. Il eft des moyens qu'on ne peut employer que du confentement des intéreffés pour rendre leur allodialité aux biens feigneuriaux ; ce qui contribueroit grandement à effacer les traces de la féodalité.

N°. 5.

La suppreſſion des articles des coutumes qui traitent des objets fixés par des ordonnances générales n'eſt point une innovation ; mais c'eſt une diſpoſition légiſlative qui s'exécute déja preſqu'en entier, & qui réduit extrêmement l'étendue des coutumes. Ces articles ſont, pour la coutume de Paris, ceux qui regardent les actions & hypotheques, les exécutions & criées, les donations & les teſtamens ; ils ſont au nombre de 92.

N°. 6.

Il eſt important, pour ſimplifier le code, en aboliſſant les diverſes coutumes, de conſerver hors du code certaines diſpoſitions particulieres de ces coutumes qui tiennent à la maniere d'être des habitans de chaque ville ou territoire. Ainſi, pour la ville de Paris, on fera des ſtatuts où feront compris les articles de la coutume 112, 125, 126, 127, 128, 188 juſqu'à

193, 195 jufqu'à 198, 200 jufqu'à 203, 209, 210, 213, 214, 217, 218 & 219.

N°. 7.

Il y auroit beaucoup d'avantages à abolir le retrait lignager dans tout le royaume. Qu'eft-ce en effet que le droit de retraire? C'eft une imitation du droit de prélation, dont les feigneurs directs ufent pour les terres qui fe vendent dans leur mouvance. Le droit de prélation eft une fervitude qui gêne la propriété des emphytéotes; mais cette fervitude eft fondée fur un titre primitif. Le bien emphytéotique n'a été concédé par le feigneur direct, que fous le droit de retenue, en cas de vente. La conceffion qu'il a faite de ce bien aux emphytéotes eft plutôt un bail qu'une aliénation. Le retrait lignager, imaginé dans les pays coutumiers, où tout fe reffentoit de la gêne des loix féodales, n'eft point appuyé fur l'équité ou fur un contrat, comme le droit de prélation des feigneurs directs; mais n'a pour fonde-

E iv

ment que la loi pofitive qui l'autorife. Si le motif politique de cette loi eft utile, il faut conferver le droit qu'elle a établi, finon il faut l'abolir. Recherchons d'abord quels ont été les anciens motifs de la loi ; nous examinerons enfuite quel motif le Légiflateur peut avoir encore pour maintenir le retrait lignager.

Il eft plus que vraifemblable que les coutumes, qui autorifent le retrait lignager, formées après qu'on a eu oublié le droit Romain dans les Gaules, & après l'expulfion de ces Romains des provinces Gauloifes, où une multitude de petits fouverains ou feigneurs s'établirent, que ces coutumes, dis-je, eurent en vue d'empêcher le tranfport des propriétés, non-feulement d'une famille à l'autre ; mais encore des habitans d'une province aux habitans d'une province voifine. Cette propofition qui paroîtra peut-être un paradoxe hiftorique au premier coup-d'œil, deviendra facile à admettre, lorf-qu'on fera attention à l'affection que les

vaſſaux ou fideles vouoient à leurs ſeigneurs ; affection qui emportoit néceſſai-
rement un ſentiment d'averſion ou d'éloi-
gnement pour les ſeigneurs voiſins & pour
leurs ſujets. Il y avoit encore cette affection pour les biens au milieu deſquels on
eſt né, cette communion d'intérêts d'autant plus reſſerrée parmi les ſujets de
chaque ſeigneur, que tous ces ſeigneurs
étoient ſouvent armés les uns contre les
autres. Si un étranger acquéroit des ter-
rains dans le fief d'un ſeigneur, il n'eſt
pas douteux que les facultés des ſujets de
ce ſeigneur étoient diminuées ; que les
revenus du ſol d'un fief paſſoient à ſon
préjudice dans un autre fief ou province:
enfin, c'eſt à la diverſité des intérêts qui
ſubſiſtoient anciennement entre les provinces Françaiſes, & qui ne ſubſiſtent
plus maintenant, qu'il faut attribuer la
différence de toutes ces coutumes qui
exiſtent encore dans un royaume où tout
devroit être uniforme.

Mais laiſſons de côté toutes ces vraisemblances historiques qui pourroient être contredites, pour chercher des motifs plus certains de ce qui a fait établir le retrait lignager. On a eu en vue la conservation des biens dans chaque famille, pour que les familles se perpétuassent & se conservassent en état de servir leur Prince. Mais le retrait lignager, en intéressant toute une famille pour qu'une propriété ne soit point vendue à trop bas prix, n'a d'autre effet que d'empêcher des ventes lésives ; ce qui peut s'empêcher d'une autre maniere. Une famille n'en est pas plus riche, lorsque pour exercer le retrait, on débourse d'un côté ce qu'on embourse de l'autre, outre les loyaux-coûts. Le retrayant n'a donc que l'avantage d'employer son argent à retenir telle propriété, plutôt qu'à en acquérir une autre.

Les partisans du retrait diront que ce privilege, en conservant la même famille de propriétaires sur le même sol, resserre le lien qui unit la famille, & que ce rapprochement entre les parens eſt utile aux mœurs. Heureux nos ancêtres, ſi par leur maniere de penſer ils ont retiré un tel fruit de cet article de légiſlation ! Mais aujourd'hui par le changement des mœurs on ne vérifie aucun bon effet qui s'enſuive de cette loi ; il n'en réſulte que des procès multipliés, occaſionnés par les diſpoſitions qui modifient le retrait & qui l'entourent de difficultés. Enfin, l'expérience qui a engagé tous les tribunaux à le regarder comme odieux, a prononcé d'avance la condamnation de ce privilege.

Le motif qui paroît engager encore aujourd'hui le Légiſlateur à conſerver le droit de retrait lignager, n'eſt que la même faveur accordée aux familles, & a ſurtout pour objet d'empêcher qu'un propriétaire ne vende à trop bas prix ſes poſſeſſions. Mais chaque famille eſt expoſée par le retrait lignager à un plus grand nombre de procès. Une faveur plus réelle pour tout le royaume & pour les familles qui le compoſent, c'eſt d'être régi par un

code fimple. Peu importe au gouvernement que ce foit une famille ou l'autre
qui poffede de plus grandes propriétés ;
il lui importe au contraire de favorifer la
liberté des échanges, parce que la circu-
lation des efpeces en eft plus active, le
commerce plus vif, les entreprifes plus
encouragées. Cette liberté des échanges
eft un acceffoire néceffaire & jufte du
droit de propriété. Je conviens néanmoins
qu'il eft des cas où il femble qu'on doit
revenir contre une vente faite à trop bon
compte, par la facilité ou prodigalité du
vendeur : en cela, la loi a pourvu fuffifamment, en annulant les contrats léfifs ;
mais le retrait lignager, que craignent
les acquéreurs, les met fouvent dans le
cas de faire des contrats frauduleux, où
ils font paroître qu'ils achetent à plus gros
prix, qu'ils ne font réellement ; & dans
ce cas, la famille des retrayans perd au
double, outre les loyaux - coûts qu'elle
rembourfe.

Les loix qu'on indique ci-après, tou-

chant la puiſſance paternelle , ſupplée-
roient ſuffiſamment pour l'intérêt des
familles à l'uſage aboli du retrait lignager.

En un mot, ce retrait rend inutilement
la juriſprudence compliquée, donne lieu
à une foule de procès ruineux; & c'eſt
aſſez pour l'anéantir.

On fait mention dans les arrêtés de
Lamoignon de pluſieurs motifs pour
abolir ce privilege; mais on y ajoute ,
qu'il eſt fort difficile & preſqu'impoſſible
de l'abroger. Ce qu'il y a d'étonnant,
c'eſt qu'on ne fournit aucun motif de ces
prétendues difficultés inſurmontables.

Si tous les motifs que j'allegue paroiſſent
inſuffiſans pour abolir le retrait lignager,
il faudroit du moins le reſtreindre ; par
exemple, le permettre ſeulement aux parens de la ligne du vendeur juſqu'au troi-
ſieme degré, en quel ſens que ce ſoit, &
en comptant les degrés, ſuivant le droit
civil; & ne le permettre que dans l'an &
jour, ſuivant les arrêtés de Lamoignon.

Enfin, comme l'auteur de ce plan eſt

perfuadé que les idées qu'il propofe font fufceptibles d'être modifiées, d'après une plus ample difcuffion, il n'infiftera point fur la néceffité d'abolir le retrait dans les pays coutumiers. Si une telle abolition paroît une innovation trop violente, il fuffit de faire obferver que ce plan eft conçu de maniere, que le retrait paroît le feul objet qui fît une différence entre la légiflation des provinces diverfes ; or, l'uniformité des loix ne feroit guere alté-rée par des difpofitions fur le retrait qu'on fpécifieroit ne devoir être fuivies que dans telle & telle partie du royaume.

Nº. 8.

On conçoit que cet article VI mérite-roit d'être un peu plus détaillé dans le nouveau code; mais il fuffit d'y indiquer en fubftance l'efpece de loi qu'il convient d'admettre ; de forte qu'on puiffe en faire la rédaction, pour peu qu'on foit jurif-confulte.

N°. 9.

Des loix uniformes touchant la puiffance paternelle, qui rendent cette puiffance refpectable, fans bleffer la liberté
naturelle des perfonnes, font de la plus
grande importance. Le maintien de cette
puiffance d'une part, & d'autre part une
jufte liberté accordée aux enfans d'un
certain âge, font les deux points de vue
qu'il faut confidérer. C'eft fous ces deux
points de vue que nous propofons de
nouvelles loix, où nous n'oublions pas
qu'il eft effentiel d'empêcher que les fils
de famille puiffent ruiner leur fortune,
& d'accorder la plus grande faveur aux
mariages pour l'intérêt des mœurs.

Suivons avec des yeux paternels l'exiftence des enfans, fans prétendre que l'empire du pere doive être une tyrannie,
comme chez les anciens Romains ; mais
en fuppofant que le Légiflateur fe met à
la place du pere de chaque famille, &
pourvoit en même tems à l'intérêt général
de fes fujets.

Tant que les enfans n'ont point atteint l'âge de raison, il faut les abandonner aux soins de leurs parens, que la nature rend assez empressés, & qu'une saine philosophie, ainsi que la religion, peuvent assez éclairer. L'éducation des filles, jusqu'à leur mariage, est du ressort du pouvoir paternel, plutôt que du pouvoir législatif. Les garçons ne devroient être généralement abandonnés aux soins domestiques que jusqu'à l'âge de neuf ans : il y auroit beaucoup à gagner pour la nation, que tous les enfans au-dessus de cet âge, excepté pour les gens du peuple, qui ne vivent que du travail de leurs mains, fussent mis dans des maisons publiques d'éducation, qui seroient établies en certain nombre dans chaque province, & dont le gouvernement inspecteroit le régime. Mais il n'est point question ici d'un édit sur l'éducation nationale, qui peut & doit être séparé de la législation civile, où on regle les principes d'après lesquels les causes doivent être jugées dans le barreau.

On

On obſervera que pour fixer également dans toute la France la durée de la puiſſance paternelle, on doit conſidérer ſurtout l'uſage actuel de cette puiſſance dans le plus grand nombre de provinces françaiſes. Or comme le plus grand nombre ſuit le droit coutumier dans lequel la puiſſance paternelle eſt négligée, on ne ſera pas ſurpris qu'on borne cette puiſſance à l'âge de trente ans ; ce qui la diminue beaucoup dans les provinces de droit écrit.

La coutume de Paris ne s'occupe point du pouvoir paternel, & c'eſt un grand convénient pour les m œu rs ; c aron ne doit pas perdre de vue combien les mœurs d'une capitale, où on ſe rend en foule de toutes les parties du royaume, influe ſur les mœurs des provinces. *Voy. ci-après*, N°. 13.

N°. 10.

Cet article avoit été laiſſé en arriere dans l'ordonnance des donations de 1731. On croit devoir le régler ici, ſuivant les principes du droit Romain, fondés ſur ce qu'il importe pour la paix des familles, d'empêcher que le mari ou la femme fe dépouillent l'un en faveur de l'autre de leurs propriétés, autrement que par dif-pofition à caufe de mort.

Nº. 11.

Cet autre article a été également laiffé en arriere par la même ordonnance des donations. Nous le réglons encore à peu près fuivant les principes du droit Ro-main, qui ne font point à négliger, fur-tout lorfqu'ils ont été dictés par cette fageffe qui a eu tant d'admirateurs, & qui a fait juger les loix Romaines, pro-pres à être admifes dans un fi vafte empire. Cependant, en interdifant les donations entre le pere & l'enfant, nous n'alléguerons point la maxime des anciens jurifconfultes, que le pere & le fils ne font qu'une même perfonne. Nous avons critiqué ailleurs cette maxime. Nous di-rons feulement que les enfans ne doivent efpérer des biens de leur pere, qu'après avoir mérité par un refpeÂ & des foins conftans des difpofitions à caufe de mort, qui leur foient favorables. Cependant le Légiflateur doit tellement inciter le mariage dans un fiecle où l'on s'en éloigne tant au préjudice de la population & des mœurs, qu'il doit être la feule condition au moyen de laquelle on puiffe obtenir de fon pere des donations entre-vifs.

A leur tour, il n'eft pas naturel que les enfans fe dépouillent de leur vivant de leurs propriétés en faveur de leur pere, qui doit pourtant prendre fon entretien fur les biens obvenus à fes enfans; mais les enfans qui auroient atteint l'âge auquel il feroit permis de faire un teftament, ne devroient point tefter au préjudice de leur pere, lorfqu'ils n'ont point eux-mêmes des enfans. Une loi qui le permettroit , fembleroit autorifer un manque de refpeÂ & d'égard des enfans envers leur pere ; ce qui ne peut pas être.

(N°. 12)

Les articles de la coutume de Paris, conformes au droit Romain, font les 88, 92, 113, 114, 115, 116, 118, 119, 120, 123, 187, 194, 199, 204, 205, 206, 207, 208, 211, 212, 215, 216, 302, 304, 305, 307, 308, 309, 310, 311, 315, 316, 317, 319, 320, 321, 325, 326, 327, 328, 332, 333, 334 en partie, 336, 337, 338 & 339. Ces loix étant prefque toutes des loix de raifon, & fe trouvant déja en ufage dans les pays de droit écrit, feront volonticrs adoptées généralement.

(N°. 13.)

L'établiffement général de la puiffance paternelle rendroit inutiles tous les articles des coutumes concernant la garde noble ou bourgeoife. Ce qui feroit ceffer une multitude de procès auxquels ces fortes de gardes donnent lieu, & dont on a apperçu les inconvéniens dans les arrêtés

de Lamoignon, fans y avoir pourvu entierement. En ne confervant point l'autorité de l'ancien droit Romain, on feroit
ceffer également, touchant la puiffance
paternelle, les procès auxquels l'incerti-
tude de ce droit Romain donne lieu, pour
les cas pareils à celui qui eft mentionné
dans ces arrêtés, page 8.

Je crois qu'il eft convenable d'établir
généralement ce droit de garde noble ou
bourgeoife en faveur des meres à défaut
du pere & de l'aïeul paternel. Pour ces
meres feulement, on pourroit adopter les
difpofitions des articles 35, 36, 37, 41,
43, 44, 45, 46 & 47 des arrêtés de
Lamoignon fur l'état des perfonnes, que
j'omets ici pour caufe de briéveté.

Il réfulteroit principalement de ces
articles, qu'à défaut du pere & de l'aïeul,
la mere pourroit demander au juge la
garde des perfonnes & biens de fes enfans, fous inventaire de ces biens ; ce qui
dureroit pour les enfans mâles jufqu'à
l'âge de dix-huit ans, & pour les filles

jufqu'à quatorze ans accomplis. Je ne mettrois qu'une feule exception à ce droit ; ce feroit d'exclure les meres de la garde & de la tutele, lorfque le pere l'auroit ainfi voulu dans fon teftament. Ce droit de garde, accordé aux meres dans les pays de droit écrit, feroit à la vérité une innovation ; mais j'ai prouvé ailleurs quels en feroient les motifs, & combien cette innovation feroit douce, convenable aux mœurs. Quant aux pays coutumiers, en confervant la garde aux meres, on empêcheroit que l'établiffement général de la puiffance paternelle y nuisît aucunement aux droits maternels déja établis depuis long-temps.

N°. 14 & dernier.

Preuve de la conformité qu'il y a entre l'efprit qui a dicté les loix qu'on propofe dans cet Effai d'un code pofitif, & l'efprit dont s'étoient pénétrés les magiftrats qui ont coopéré aux ordonnances de 1731 & 1735, par où on

avoit commencé de procéder au renou-
vellement du code.

Ces magiftrats ont eu principalement
en vue de couper racine aux procès mul-
tipliés auxquels l'ancienne jurifprudence
donne lieu , & ont préféré par ce motif
de faire certaines prohibitions rigoureu-
fes , plutôt que de permettre des interprétations qui varient fans ceffe dans les
écrits des jurifconfultes , quoique dans
plufieurs cas ces interprétations paroiffent
très-conformes à l'équité.

Dans l'ordonnance de 1731.

On a annullé par ce motif les donations entre-vifs qui n'étoient point faites
par contrat public ; on a anéanti les donations à caufe de mort , & on a voulu
que tous actes contenant des difpofitions
de derniere volonté fuffent faits par teftamens ou codicilles avec certaines for-
malités. Pour les donations entre-vifs ,
on a exigé l'acceptation formelle du do-

nataire & exclu toute acceptation tacite. On a annullé les donations à venir, ou les donations qui font faites, à condition de payer les dettes de la fucceffion du donateur.

Dans l'ordonnance de 1735.

On annulle les difpofitions à caufe de mort qui ne font point par écrit ; on annulle l'inftitution d'un héritier qui n'eft ni né ni conçu lors du teftament ; on confirme les difpofitions particulieres d'un teftament dont l'inftitution d'héritier eft déclarée nulle pour caufe de prétérition d'un enfant, &c.

Toutes ces difpofitions & plufieurs autres tendent à faire ceffer une foule de difficultés qui font matiere à procès dans une infinité de cas particuliers ; ainfi on coupe le nœud gordien ; on ne laiffe point aux tribunaux le foin de le dénouer. On appercevra facilement que c'eft le même efprit qui nous a guidés dans ce plan.

L'extrême faveur que nous croyons devoir accorder aux mariages a été également reconnue néceſſaire & utile dans l'ordonnance de 1731, comme on peut le vérifier aux articles 10, 11, 12, 13, 17, 18, 19 & 39 de cette ordonnance.

Secondes preuves juſtificatives du plan propoſé, ou réduction analytique des articles de la coutume de Paris, qu'on doit comparer & concilier avec la juriſprudence univerſelle qu'il conviendroit d'admettre.

La coutume de Paris renferme ſeize titres qui ſont compoſés en tout de 362 articles.

On va juger de l'extrême facilité qu'il y auroit à fondre, pour ainſi parler, cette légiſlation coutumiere de la capitale dans une juriſprudence univerſelle, ſi toutefois on n'a pas perdu de vue les moyens ci-devant indiqués pour ſimplifier le nouveau code.

Réduction des 362 articles.

En laiffant de côté ce qui regarde le droit féodal, on fe difpenfe pour le moment d'examiner les 87 premiers articles, auxxquels il faut joindre, touchant le même droit, les articles 124, 322 & 323. *Articles à élaguer*   90

On peut laiffer la difpofition de diverfes chofes à chaque ftatut particulier des communes, comme on l'a montré dans le Nº. 6. Ces articles, qui y font mentionnés, font au nombre de   26

On peut laiffer auffi les 7 articles du titre de la garde noble ou bourgeoife, qui, par l'établiffement de la puiffance paternelle, ne fera confervée qu'aux meres, fuivant le Nº. 13.   7

Par les motifs expliqués dans le Nº. 3, on laiffera les articles qui regardent la communauté des biens, depuis 220 jufqu'à 246, auxquels il faut joindre l'article 314   28
‾‾‾
151

ci-devant 151

De même ceux qui regardent le douaire, depuis 247 jusqu'à 264, auxquels il faut joindre l'article 117, relatif au même objet • • • • • 19

Suivant le N°. 5, on doit passer sous silence les articles de la coutume sur les donations & les testamens. Ce sont les articles 272 jusqu'à 298, auxquels il faut joindre les art. 299, 300, 301 & 306 en partie • • • 31

Il en est de même des articles concernant les actions & hypotheques, qui sont les 99 jusqu'à 111, auxquels se joignent les articles 184, 185 & 344 • • • • • • • • • 16

Item, le 96 jusqu'à 98. • • • 3

On omettra ensuite par le même motif rapporté dans le N°. 5 depuis l'article 160 jusqu'à 183, & depuis 345 jusqu'à 362 • • • • • • 42

Si on supprime le retrait ligna-ger, [ce qui est à discuter] on se

ci-devant 262

débarraffera encore des art. 129 jufqu'à 159 , & du 329.   32

On ne s'occupera pas non plus
des articles de la coutume qui font
conformes au droit Romain , & qui
font fpécifiés dans le No. 12 , au nombre de.   47

Enfin , il fera aifé de rendre générales les définitions de ce qui eft
meuble ou immeuble , & que les arrêtés de Lamoignon ont fuffifamment fixées ; ce qui nous difpenfe
d'examiner les articles 89 , 90 , 91 ,
93 , 94 & 95.   6
                                     ———
T O T A L. 347

Ces 347 articles ; diftraits des 362 , ne
laiffent à difcuter que 15 articles , ou plutôt 17 , qui , fauf erreur , font les 121 ,
122 , 186 , 303 , 306 en partie , 312 ,
313 , 318 , 324 , 330 , 331 , 334 en
partie , 335 , 340 , 341 , 342 & 343.
Il s'agit d'examiner ces articles féparé-

ment, & de voir comment on peut les ramener à des loix univerfelles dans le royaume, les modifier, les reftreindre ou les fupprimer, fans bleffer l'équité civile, fans altérer les principes du gouvernement monarchique, en fe propofant pour but la paix des familles, la profpérité de l'état.

ART. CXXI.

Ce premier article n'exige aucune dif-cuffion : il porte en fubftance, *qu'on ne peut prefcrire la faculté de racheter une rente fonciere fur les maifons de Paris.* L'annotateur ajoute que cette difpofi-tion a été rendue univerfelle dans tout le royaume ; ainfi, voilà une difpofition uni-verfelle fur laquelle les coutumes font déja toutes conciliées.

ART. CXXII.

Il porte, *que les rentes léguées à des œuvres pies fur des maifons, font rache-tables au denier vingt, malgré la volonté du teflateur, en faifant le remploi.*

Cette difposition pourroit être rendue univerfelle ; ou fi on veut la regarder comme étant particuliere pour la ville de Paris, elle doit être renvoyée aux *ftatuts* ou *privileges* de fes habitans dont on a parlé ailleurs.

A R T. CLXXXVI.

Les fervitudes ne s'acquierent point fans titre par aucune efpece de prefcription ; mais la liberté de la fervitude s'acquiert par le laps de 30 ans. La feconde partie de cet article eft conforme au droit Romain & univerfel , il ne faut donc point s'en occuper. La premiere partie offre une difcuffion importante. Cette difpofition eft contraire au droit Romain , en ce que, fuivant ce droit, toutes les actions font en général prefcrites par le laps de 30 ans ; & une poffeffion de cette durée femble légitimer tous les droits. Quoique les fervitudes foient odieufes en elles-mêmes, l'ufage qu'on en a fait au vu & au fu des perfonnes intéreffées ,

pendant si long-temps, suppose naturelle-
ment une espece de consentement à la
servitude de la part des intéressés ; c'est
une espece de donation ou de convention
tacite, peut - être plus forte qu'une convention expresse, parce qu'elle semble
s'être renouvellée, & avoir été confirmée
par un consentement de tous les jours,
pendant 30 années : on devroit donc pré-
férer de rendre universelle la maxime du
droit Romain, & détruire cette partie de
la coutume ; nous venons d'en dire les
raisons dictées par l'équité civile. Le motif
politique n'est pas moins important ; car
la prescription de 30 ans, qui est à peu
près la durée de la vie active de l'homme,
est, comme on dit, patrone du genre
humain, rassure contre la perte des titres,
qui, plus ils sont anciens, mieux ils peuvent se perdre ou s'égarer ; enfin tranche
beaucoup de difficultés, coupe racine à
divers procès. Il paroît donc que cet article de la coutume peut être anéanti
sans inconvénient ; parce que le nouveau

code n'ayant point d'effet rétroactif, chacun fe trouveroit averti, pour l'avenir,
d'empêcher l'ufage d'une fervitude pendant trente ans ; cependant on prohibe
cette prefcription dans les arrêtés de
Lamoignon. Notre penchant à montrer
la plus grande déférence pour ces arrêtés,
nous a déja induit à admettre la même
prohibition ; mais les inconvéniens que
nous appercevons dans cette loi prohibi-
tive pour les pays de droit écrit, où ces
fervitudes font déja regardées comme acquifes, nous détermine de réferver une
telle loi pour être inférée dans les ftatuts des
villes où une pareille prefcription eft déja
rejetée par l'ancien ufage. Nonobftant
cela, fi l'on confidere pour quelles fervitudes le titre deviendroit néceffaire, fi
on régloit les prefcriptions comme elles
font réglées par les fufdits arrêtés, la loi
coutumiere peut paroître généralement
admiffible avec les modifications que ces
arrêtés y apportent.

ART.

Art. CCCIII.

Cet article *ne permet point aux pere & mere de donner à quelqu'un de leurs enfans plus qu'aux autres, ni par tefta- ment, ni par donation entre-vifs.*

Comparons cette loi coutumiere pour les biens roturiers à la loi coutumiere oppofée, qui donne tant d'avantages à l'aîné fur les biens nobles. D'une part, on établit une extrême égalité entre les enfans ; d'autre part, une exceffive iné-galité. Ce ne font point ici feulement des coutumes diverfes à concilier ; mais des principes divers qui fe contrarient dans la même coutume. Comment rapprocher tout cela du droit Romain, & l'amalga-mer dans une jurifprudence générale & uniforme ? Des deux côtés, le pere n'a rien à faire pour fes enfans. Autant le droit Romain le rend plénipotentiaire dans fa famille ; autant le droit coutumier rend fa volonté nulle. Cependant, en ma-tiere de fucceffion, le Légiflateur n'au-

G

roit jamais dû perdre de vue, qu'il importe d'établir une jufte étendue des
droits paternels. Il me femble donc qu'il
faudroit, en fixant le droit de légitime,
laiffer les pere & mere libres de difpofer
à leur gré de ce qui eft au-delà de cette
légitime. La mere étant privée de toute
efpece de puiffance, n'a que cet intérêt à
faire valoir auprès de fes enfans. Il eft
beau, à la vérité pour elle, de ne regner
dans fa famille que par la tendreffe &
les devoirs qu'impofe la reconnoiffance.
L'éducation, les mœurs peuvent fuppléer
à l'infuffifance de la loi, & infpirer affez
le devoir filial ; mais le Légiflateur doit
prévoir que la bonne éducation & les
mœurs ne fleuriront pas dans toutes les
familles.

Si on juge néanmoins que la légitime
fixée à fa moitié de ce que les enfans
auroient eu *ab inteftat* eft une innovation
trop violente dans les pays de droit coutumier, où chaque enfant obtient une
part égale dans la fucceffion de fes pere

& mere, on peut adoucir cette innovation, en établissant que dans certaines
provinces la légitime sera des deux tiers
de ce que les enfans auroient eu *ab intestat*,
& dans les autres provinces la légitime
sera de la moitié. Ainsi, il restera toujours une portion de biens dont les pere
& mere pourront disposer à leur gré.

Art. CCCVI.

Les enfans qui se portent héritiers,
doivent rapporter dans la masse de l'héritage, ce qu'ils ont déja reçu de leur pere
ou mere ; & de plus, *ce qui a été donné
à leurs propres enfans.* Cette derniere
partie, en caracteres italiques, est la seule
qu'on doive ici considérer ; l'autre est déja
clairement établie par le droit Romain,
& n'est qu'une loi de raison, qui est, &
doit être universelle.

Le rapport dans la masse de l'héritage
de ce qui a été donné par un ascendant à
ses petits-enfans, lorsque l'héritage est
dévolu au pere de ceux-ci, est dans le

véritable fyftême du droit Romain, par lequel on confidéroit le pere & le fils comme une feule & même perfonne. En effet, s'ils ne font qu'une perfonne, le pere doit faire compte dans l'héritage de l'aïeul de ce que fon fils a reçu. Ce fyftême eft vrai dans un certain fens, mais non dans tous les fens ; & c'eft pourquoi j'ai ofé le combattre, comme étant peu applicable aux idées reçues parmi nous. Tant que le pere eft à-la-fois chargé de l'entretien de fon enfant, adminiftrateur de fes biens & ufufruitier, & fe trouve enfuite obligé de l'établir, ou dans le cas de lui faire un apanage matrimonial, certainement les legs ou les donations faites à cet enfant par l'aïeul fuppléant aux obligations du pere, celui-ci doit en faire compte dans l'héritage, comme s'il avoit reçu lui-même ce don ou ce legs. Mais il y a plufieurs cas dans lefquels, relativement à ce rapport de biens, on doit reconnoître une diftinction de perfonnes entre le pere & le fils ; de forte

que le don fait à celui - ci par l'aïeul ne
peut être regardé comme étant fait au
pere, parce que le pere n'en profite nulle-
ment, ou n'en profite qu'en partie ; c'eft,
par exemple, lorfque ce petit-fils eft déja
marié ou émancipé, fait déja fes affaires
à part ; ou bien lorfque le pere n'a qu'une
adminiftration des biens légués à fon fils,
dont il ne peut s'approprier une partie
de l'ufufruit ; ou bien lorfque le don fait
au fils par l'aïeul eft fi confidérable, qu'il
contrarie les intentions que le pere auroit
dû avoir de diftribuer fes biens avec égalité entre tous fes enfans. Dans tous ces
cas, & dans bien d'autres, il eft injufte
que le pere, qui fe porte héritier de
l'aïeul, rapporte dans la maffe de l'héritage, ce qui a été donné au petit-fils,
comme fi ce pere en avoit profité lui-
même. Delà il faut conclure que la loi,
pour être jufte & univerfelle, doit fim-
plement obliger le pere à ce rapport,
lorfque le bien donné à fes enfans par
l'aïeul n'excede pas les obligations dont

le pere eſt tenu ſtrictement envers ſes enfans , ou lorſque ce don de l'aïeul tient
place des dons qu'un pere fait à ſes enfans,
ſuivant un uſage général ; mais il ne doit
pas être obligé à rapporter l'excédant , &
il doit à cet égard ſe conduire comme à
l'égard des légataires étrangers.

Art. CCCXII.

Cet article *exclut les aſcendans de la
ſucceſſion aux biens propres des deſcendans ;* ce qui eſt ſujet à des exceptions.

Quoique le droit Romain ne connoiſſe
point la diſtinction des biens propres
d'avec les acquêts , & que cette diſtinction ſemble rendre la juriſprudence plus
compliquée ; cependant elle eſt conforme
à la raiſon , & par conſéquent doit être
admiſe dans un code univerſel , où elle
doit être énoncée très-ſimplement pour
attribuer la préférence de la ſucceſſion
aux collatéraux deſcendans, lorſqu'ils ſont
en degré égal , ou plus proche que les
collatéraux aſcendans ; tel eſt l'eſprit de
la coutume de Paris.

Art. CCCXIII.

Il y s'agit de la regle *paterna paternis, materna maternis*, pour les succeffions à défaut de defcendans.

Cette loi eft déja comme univerfelle, même dans les provinces de droit écrit ; elle doit l'être dans tout le royaume. On peut y rapporter l'art CCCXXVI, en ce qui n'eft point clairement admis par le droit Romain.

Art. CCCXVIII.

Les plus proches parens font cenfés faifs de la fucceffion de plein droit.

Cette regle doit être univerfelle, ainfi que je l'ai déja remarqué d'après les arrêtés de Lamoignon.

Art. CCCXXIV.

Cet article eft relatif au *droit d'aîneffe pour les fucceffions aux fiefs ou biens nobles.*

Ce droit doit être confervé, & pour-

roit être rendu général. Les familles nobles se soutiennent plus long-temps, lorfque l'aîné reçoit ces avantages qui le
mettent souvent à portée d'être d'une
grande utilité à ses freres. Cela tient à la
constitution d'un état monarchique. Dans
les pays de droit écrit, on y supplée par
primogénitures ; ainsi , dans tout le
royaume , on reconnoît l'utilité du droit
d'aînesse. Nous pourrions ici remarquer
que l'ordonnance des substitutions a été
conçue de telle maniere , qu'elle expose
les biens nobles à se dissiper facilement.
Mais nous laissons aux chefs du gouvernement à examiner si le droit d'aînesse
seroit utile dans tout le royaume pour les
biens nobles.

Il ne faut pas oublier dans la matiere
des successions, que , suivant le code de
raison , les enfans succedent par égales
parts , & que l'inégalité que les testateurs
veulent mettre dans la division de leur
héritage entre enfans , ne peut nuire au
droit de légitime. Cette regle suffiroit, si

jamais on parvenoit à affimiler entierement les biens nobles aux autres biens ,
& à effacer les traces de la féodalité ; ce
qui offriroit trop de difficultés actuellement.

Les avantages exceffifs que les aînés
obtiennent dans les fucceffions nobles
produifent deux inconvéniens. Le premier
eft de rendre ces aînés moins dépendans
des peres dont ils n'attendent point des
bienfaits que la loi affigne elle - même.
Le fecond eft de faire regner dans chaque
famille noble une efpece d'injuftice ré-
voltante , lorfque les cadets fe trouvent
réduits prefqu'à la mendicité à côté d'un
aîné opulent. Le code qui autorife un tel
arrangement n'eft-il pas barbare ? Peut-
on appliquer ici cette définition : La loi
eft la raifon armée par l'autorité ?

Pour concilier le droit naturel de fuc-
céder avec la liberté qu'ont les parens de
difpofer de leurs biens par teftament, on
n'auroit qu'à fuivre la loi qui permettroit
au pere de donner à l'aîné de fes enfans

la moitié de fon héritage, & l'obligeroit de partager également l'autre moitié entre les autres enfans. L'aîné qui voudroit ne pas démériter, refpecteroit le pouvoir paternel. Si des circonftances particulieres infpiroient au pere de favorifer un peu plus fes fils *puînés*, il le feroit en bon pere de famille. S'il mouroit fans teftament, la loi partageroit tout avec égalité & fembleroit montrer fon impartialité parmi des hommes qui doivent être égaux.

Mais le droit d'aîneffe n'eft pas tout à fait fans fondement ; il eft antérieur à toutes les légiflations. S'il fut inconnu dans la jurifprudence Romaine, c'eft que le droit paternel y étouffoit, abforboit les autres droits ; & que dans chaque famille le pouvoir du chef feroit taire toute efpece de prétention de la part de fes fubordonnés. Je conclus, que fans déroger à l'impartialité de la loi, & en fe conformant à l'efprit qui regne dans le droit coutumier, on devroit accorder un préciput à l'aîné , lorfqu'il ne l'auroit point obtenu par le teftament du pere. Ce préciput de l'aîné , je le répete, ne doit pas être aſſez confidérable pour que fes freres paroiſſent pauvres à côté de lui.

Art. CCCXXX.

Quand il n'y a point de lignager , le propre eſt réputé acquêt.

Loi jufte , mais qu'il eſt inutile d'exprimer; la raifon naturelle fuffit pour la fuppofer.

Art. CCCXXXI.

Parmi les collatéraux qui partagent une fucceſſion de biens nobles , le droit d'aîneſſe n'a point lieu.

Cette explication de l'art. CCCXXIV eſt convenable.

Art. CCCXXXIV.

L'action perfonnelle qu'on pourfuit contre les héritiers du debiteur en proportion de la part qu'ils ont eue dans l'héritage , ne va pas au détriment du droit d'aîneſſe fufdit.

Cette explication eſt encore convenable à la prérogative des aînés. Le texte
de cet article CCCXXXIV eſt plus éten-
du ; mais ce qui en eſt ici omis ſe trouve
conforme au droit Romain.

ART. CCCXXXV.

*Les mâles qui excluent les collatéraux
des fiefs ſont ſujets à cette action.*

Loi juſte qui ſemble devoir faire partie
du code féodal, mais qui ſe lie avec le
code civil ſimple.

ART. CCCXL & CCCXLI.

*Dans les ſucceſſions, la coutume n'a
point d'égard au double lien.*

Il me ſemble que cette diſpoſition ,
contraire au droit Romain, eſt encore
contraire à l'ordre naturel. S'il eſt vrai
que dans les ſucceſſions le plus proche
parent doive être appelé à l'excluſion
des autres, eſt-ce qu'un frere utérin ou
conſanguin peut être regardé comme
étant auſſi proche qu'un frere germain?

Cela répugne. Je voudrois donc anéantir ces deux articles, & suivre à cet égard le droit Romain, où l'on n'a consulté que l'ordre naturel des successions.

Art. CCCXLII & CCCXLIII.

Le sens dans lequel il faut considérer ici ces deux articles est, qu'*en ligne collatérale seulement, celui qui se porte héritier simple, exclut celui qui se porte héritier par bénéfice d'inventaire, quoique plus proche en degré..*

Il me semble qu'il faudroit abroger cette disposition de la coutume, en publiant un code universel. Est-ce pour l'honneur du défunt qu'on accorde cette faveur à l'héritier simple? Mais l'usage a tellement multiplié les acceptations par bénéfice d'inventaire, que cet honneur n'est plus considéré. Est-ce pour favoriser les créanciers qui sont tous payés par un héritier simple, & auxquels les frais du bénéfice d'inventaire dérobent une partie de leurs créances ? Ce motif seroit plus

plausible ; mais en simplifiant le code &
les formes judiciaires, on doit songer à
rendre les procédures de bénéfice d'inventaire moins dispendieuses , & il est
toujours juste de respecter le droit de
propriété dévolu à un proche parent.

RÉSULTAT
DE CET ESSAI.

QUAND même plusieurs loix , parmi
celles que je propose , mériteroient des
restrictions ou devroient être rejetées ,
une légere altération dans l'uniformité
du code seroit un très-petit inconvénient,
par la raison que quelques exceptions à
une regle n'empêchent pas de la regarder
comme générale. Je ne présente cet Essai
que comme un travail de juriste , & per-
siste à croire , qu'il est de la prudence de
ne former que peu à peu une nouvelle
législation. La premiere ordonnance générale, dont on a marqué avant moi la

néceffité , régleroit d'une maniere uniforme les droits de la puiffance paternelle. Une autre fixeroit également dans
toutes les provinces les fucceffions *ab
inteftat.* Celle - ci ne feroit exécutée que
pour les enfans nés après l'ordonnance,
& qui n'ont pas des freres ou fœurs nés
avant eux ; ou fi l'on veut, n'auroit lieu
que pour les enfans iffus des mariages
qui feroient contractés après cette ordonnance.

Une telle maniere de procéder au
renouvellement du code paroîtra peut-
être lente aux amis impatiens du bien
public. Mais qu'ils y prennent garde ; ces
deux ordonnances étant une fois adoptées , la conciliation des coutumes fe
trouveroit prefqu'achevée , ou du moins
la marche en feroit affez indiquée par
l'Effai précédent ; l'innovation s'opére-
roit, comme j'ai dit, fans effort , & j'ofe
croire, avec un applaudiffement général.

Qu'on ne me dife pas que je laiffe trop
d'articles de côté dans ce dépouillement

dé la coutume de Paris. Il s'agit ici de concilier le droit Romain avec cette coutume. Or, quand je laisse de côté les loix féodales, comme ces loix n'ont rien de commun avec le droit Romain, rien ne se combat entre ces deux jurisprudences; ou, pour mieux dire, leur conciliation est faite en laissant subsister quelques dérogations au droit commun, qui pour favoriser les seigneurs, ont continué de contrarier ce droit par une suite de l'ancienne féodalité. Les autres articles, dont je ne m'occupe point, portent avec eux le motif suffisant de leur emission.

Si l'on veut calculer un des avantages qui résulteroit vraisemblablement de l'uniformité & de la simplicité du code, on peut, je crois, supposer sans exagération, qu'actuellement en France, sur une population de cent mille ames, il y a quatre cents hommes de loi. Dans cette proportion, on trouvera que pour vingt-six millions d'habitans, le nombre des gens de loi est de cent huit mille. N'est-il pas à

croire

croire qu'un des effets, quoique lents ;
d'une jurifprudence fimple, uniforme ,
mife à portée de tous les fujets du royaume, en rendant la profeffion des légiftes
moins néceffaire, les réduiroit à peu près
à la moitié de leur nombre actuel ? L'état
gagneroit donc plus de cinquante mille
hommes effectifs, dont une grande partie
n'eft pas fans fortune, dont prefque tous
ont des talens, de l'intelligence, ont reçu
une inftruction foignée, & qui porteroient
leur induftrie dans le commerce, leur
attention fur l'agriculture, & leurs foins à
des arts ou à des entreprifes utiles. Ces
cinquante mille confommateurs des productions de la terre, defquels on peut regarder l'exiftence, finon comme nuifible,
du moins comme inutile à la fociété, en
formeroient alors une portion très-pré-
cieufe qui influeroit grandement fur l'aug-
mentation des richeffes de l'état.

Il réfulte encore un point effentiel de
cet Effai, & des vérités que j'ai établies
dans l'ouvrage auquel il fert de fupplé-

H

ment ; c'eſt que nous pourrons concevoir déſormais la poſſibilité & même la facilité qu'il y a d'obtenir un code uniforme. On ne la concevoit qu'avec peine , cette poſſibilité , même à l'époque où l'on commença de travailler aux arrêtés de Lamoignon. Il paroît, par une lettre de Me. Auzanet , inférée dans l'édition des arrêtés, que cet avocat, le plus ancien de ceux qui furent appelés aux conférences, y portoit ſans doute l'eſprit préoccupé de l'idée qu'il étoit impoſſible de parvenir à la réformation du code , puiſqu'il exprime clairement qu'il ne la croit pas poſſible. La raiſon principale qu'il en fournit, eſt, qu'il y a des provinces qui ſe ſont données au Roi , ſous condition qu'on leur conſerveroit leur ancienne juriſprudence. J'ai répondu à cette objection , en parlant du Languedoc, dans mon *Livre de la Réforme des Loix civiles*, & j'ai montré qu'on pouvoit procéder au renouvellement du code, ſans bleſſer l'équité à l'égard de ces provinces. Le gouvernement avoit affez compris cette vérité, lorfqu'on publia les ordonnances générales de 1731 & 1735.

L'abbé de Saint-Pierre rendoit ainfi compte de l'opinion publique & de la fienne, dans fes annales, *année 1667.* « Cette uniformité que le Roi établit pour toutes les procédures, nous fait defirer que fon fuccefleur forme un femblable bureau pour rendre le droit uniforme dans tout le royaume, &c. *Année 1735.* Je vois avec plaifir que le confeil continue à travailler dans un bureau particulier chez M. le chancelier, fur le projet de former un code de droit Français, qui foit exécuté avec uniformité dans toutes les provinces de France. Il a déja paru une ordonnance fur les donations entre-vifs, en Février 1731. On vient de faire l'ordonnance concernant les teftamens du mois d'Août 1735. Ces deux ordonnances ne font que la vingt-quatrieme partie de tout l'ouvrage ; de forte que par le temps qu'elles ont été à fe former, on peut juger que la *premiere ébauche* du droit Français sera finie *dans quarante ou cinquante ans.* »

Un écrivain célebre de nos jours a paru croire, ainsi que toute la France, que les difficultés qu'offroit la rédaction d'un tel code étoient insurmontables. Voici comment il s'exprime : « La chicane n'a pu être écrasée par la justice. On pensa à rendre la jurisprudence uniforme. Elle l'est dans les affaires criminelles, dans celles du commerce, dans la procédure : elle pourroit l'être dans les loix qui réglent les fortunes des citoyens. C'est un très-grand inconvénient qu'un même tribunal ait à prononcer sur plus de cent coutumes différentes. Des droits de terres ou équivoques, ou onéreux, qui gênent la société, subsistent encore comme des restes du gouvernement féodal qui ne subsiste plus ; ce sont des décombres d'un bâtiment gothique ruiné. Ce n'est pas qu'on prétende que les différens ordres de l'état doivent être assujettis à la même loi...... Mais il eſt à ſouhaiter que chaque ordre ait ſa loi uniforme dans tout le royaume ; que ce qui eſt juſte & vrai dans la Champagne , ne ſoit pas réputé faux en Normandie. L'uniformité dans tous les genres d'adminiſtration eſt une vertu. *Mais les difficultés de ce grand ouvrage ont effrayé*, &c. » *Siecle de Louis XIV.*

J'aurai rempli mon but , ſi j'ai pu démontrer qu'il y a plus de facilité qu'on n'en ſuppoſoit précédemment dans l'entrepriſe du renouvellement du code. On voit que depuis long-temps la nation le deſire. Ce deſir étoit accompagné d'un ſentiment triſte , cauſé par l'aſpect d'un monſtre de difficultés qui paroiſſoit preſqu'invincible. J'ai cherché à détruire ce monſtre, ou du moins , à le dépouiller d'une armure hériſſée d'épines, qui ſembloit empêcher qu'on l'abordât.

F I N.

TABLE.

OBSERVATIONS PRÉLIMINAIRES.

Fin de la Table.